Z. 2421.
V.

VIE
DE B. FRANKLIN,

SUIVIE

DE SES ŒUVRES POSTHUMES.

T. I.

Décret concernant les Contrefacteurs, rendu le 19 Juillet 1793, l'An 2 de la République.

La Convention nationale, après avoir entendu le rapport de son Comité d'instruction publique, décrète ce qui suit :

Art. 1. Les Auteurs d'écrits en tout genre, les Compositeurs de Musique, les Peintres et Dessinateurs qui feront graver des Tableaux ou Dessins, jouiront durant leur vie entière du droit exclusif de vendre, faire vendre, distribuer leurs Ouvrages dans le territoire de la République, et d'en céder la propriété en tout ou en partie.

Art. 2. Leurs héritiers ou Cessionnaires jouiront du même droit durant l'espace de dix ans après la mort des auteurs.

Art. 3. Les officiers de paix, Juges de Paix ou Commissaires de Police seront tenus de faire confisquer, à la réquisition et au profit des Auteurs, Compositeurs, Peintres ou Dessinateurs et autres, leurs Héritiers ou Cessionnaires, tous les Exemplaires des Editions imprimées ou gravées sans la permission formelle et par écrit des Auteurs.

Art. 4. Tout Contrefacteur sera tenu de payer au véritable Propriétaire une somme équivalente au prix de trois mille exemplaires de l'Edition originale.

Art. 5. Tout Débitant d'Edition contrefaite, s'il n'est pas reconnu Contrefacteur, sera tenu de payer au véritable Propriétaire une somme équivalente au prix de cinq cents exemplaires de l'Edition originale.

Art. 6. Tout Citoyen qui mettra au jour un Ouvrage, soit de Littérature ou de Gravure dans quelque genre que ce soit, sera obligé d'en déposer deux exemplaires à la Bibliothèque nationale ou au Cabinet des Estampes de la République, dont il recevra un reçu signé par le Bibliothécaire ; faute de quoi il ne pourra être admis en justice pour la poursuite des Contrefacteurs.

Art. 7. Les héritiers de l'Auteur d'un Ouvrage de Littérature ou de Gravure, ou de toute autre production de l'esprit ou du génie qui appartiennent aux beaux-arts, en auront la propriété exclusive pendant dix années.

Je place la présente Édition sous la sauve-garde des Loix et de la probité des Citoyens. Je déclare que je poursuivrai devant les Tribunaux tout Contrefacteur, Distributeur ou Débitant d'Edition contrefaite. J'assure même au Citoyen qui me fera connoître le Contrefacteur, Distributeur ou Débitant, la moitié du dédommagement que la Loi accorde. Paris, ce 5 Prairial, l'an 6e de la République Française.

VIE
DE
BENJAMIN FRANKLIN,

ÉCRITE PAR LUI-MÊME,

SUIVIE

DE SES ŒUVRES

MORALES, POLITIQUES

ET LITTÉRAIRES,

Dont la plus grande partie n'avoit pas encore été publiée.

TRADUIT DE L'ANGLAIS, AVEC DES NOTES,

PAR J. CASTÉRA.

Eripuit cœlo fulmen sceptrumque tyrannis.

TOME PREMIER.

—

A PARIS,

Chez F. BUISSON, Imp.-Lib. rue Hautefeuille, N°. 20.

AN VI DE LA RÉPUBLIQUE.

PRÉFACE
DU TRADUCTEUR.

Pendant les dernières années que Benjamin Franklin passa en France, on parloit beaucoup, dans les Sociétés où il vivoit, des Confessions de Jean-Jacques Rousseau, dont la première partie venoit de paroître. Cet Ouvrage, dont on peut dire et tant de bien et tant de mal, et qui est quelquefois si attrayant par les charmes et la sublimité du style, quelquefois si rebutant par l'inconvenance des faits, engagea quelques amis de Franklin à lui conseiller d'écrire aussi les Mémoires de sa Vie : il y consentit.

Ces amis pensoient, avec raison, qu'il seroit curieux de comparer à l'Histoire d'un Écrivain, qui semble ne s'être servi de sa brillante imagination que pour se rendre malheureux, celle d'un Philosophe qui a sans cesse employé toutes les ressources de son esprit à assurer son bonheur, en contribuant à celui de l'humanité entière. Eh ! en effet, combien il est intéressant de considérer les chemins différens qu'ont suivis ces deux hommes également nés dans le simple état d'Artisan, livrés à eux-mêmes au sortir de l'enfance et n'ayant presque point eu de maîtres. Chacun d'eux fit sa propre éducation et parvint à la plus grande célébrité. Mais l'un passa indolemment plusieurs années dans la servitude obscure, où le retenoit une femme sensuelle (1); et l'autre ne comptant que sur lui, travailla constamment de ses mains,

---

(1) Madame de Warens.

vécut avec la plus grande tempérance, la plus sévère économie, et en même-temps, fournit généreusement aux besoins, même aux fantaisies de ses amis.

Cette comparaison, tout entière à l'avantage de Franklin, ne doit pas faire supposer que je cherche à déprécier Jean-Jacques. Personne n'admire et n'aime plus que moi le rare talent de cet éloquent Écrivain : mais j'ai cru devoir indiquer combien sa conduite, rapprochée de celle de Franklin, peut être une utile et grande leçon pour la Jeunesse.

Il y a des préceptes d'une saine morale, non-seulement dans la Vie de Franklin, mais dans la plupart des morceaux qui composent le Recueil de ses Œuvres. Le reste est historique ou ingénieux.

Une partie de la Vie de Franklin

PRÉFACE.

avoit été déjà traduite en français, et même d'une manière soignée. Malgré cela, j'ai osé entreprendre de la traduire de nouveau.

L'Éditeur anglais a joint à ce qu'il a pu se procurer du manuscrit de Franklin, la suite de sa Vie, composée à Philadelphie. J'ai été assez heureux pour pouvoir ajouter à ce que m'a fourni cet Éditeur, divers morceaux qu'il n'a point connus, et un second Fragment des Mémoires originaux (1) : mais j'ai encore à regretter de n'avoir pas eu tous ces Mémoires, qui vont, dit-on, jusqu'en 1757.—On ne sait pourquoi M. Benjamin Franklin Bache (2), qui les a

(1) On trouvera ce Fragment à la fin du second Volume, page 388.

(2) Franklin eut un fils et une fille. Dans la Révolution d'Amérique, le fils suivit le parti des Anglais, et fut quelque temps gouverneur de la province de New-Jersey. Pris par les Américains,

PRÉFACE.

en sa possession et vit maintenant à Londres, en prive si long-temps le Public. Les Ouvrages d'un grand Homme appartiennent moins à ses Héritiers qu'au Genre-humain.

Peut-être ne sera-t-on pas fâché de lire une lettre que le célèbre Docteur Price a adressée à un de ses amis, au sujet des Mémoires de Franklin. La voici :

A Hackney, le 19 juin 1790.

« Il m'est difficile, Monsieur, de
» vous exprimer combien je suis
» touché du soin que vous voulez
» bien prendre de m'écrire. — Je
» suis, sur-tout, infiniment recon-
» noissant de la dernière lettre, dans

---

il auroit, dit-on, été fusillé sans la considération qu'on avoit pour son père. On le fit évader et il passa à Londres. La fille épousa M. Bache, de Philadelphie, et c'est d'elle qu'est né M. Benjamin Franklin Bache, possesseur des Manuscrits de son grand-père.

» laquelle vous me donnez des détails
» sur la mort de notre excellent ami,
» le Docteur Franklin.

» Ce qu'il a écrit de sa Vie, mon-
» trera, d'une manière frappante,
» comment un homme peut, par
» ses talens, son travail, sa probité,
» s'élever du sein de l'obscurité jus-
» qu'au plus haut degré de la for-
» tune et de la considération. Mais il
» n'a porté ses Mémoires que jus-
» qu'à l'année 1757 ; et je sais que
» depuis qu'il a envoyé en Angle-
» terre le manuscrit que j'ai lu, il
» lui a été impossible d'y rien ajouter.

» Ce n'est pas sans un vif regret
» que je songe à la mort de cet ami.
» Mais l'ordre irrévocable de la na-
» ture nous condamne tous à mou-
» rir ; et quand on y réfléchit, il est
» consolant, sans doute, de pouvoir
» penser qu'on n'a pas vécu en vain,

PRÉFACE.

» et que tous les hommes utiles et
» vertueux se retrouveront encore
» au-delà du tombeau.

» Dans la dernière lettre que m'a
» écrite le Docteur Franklin, il me
» parle de son âge et de ses infirmi-
» tés; il observe que le Créateur a
» été assez indulgent pour vouloir
» qu'à mesure que nous approchons
» du terme de la vie, nous ayons
» plus de raisons de nous en dé-
» tacher; et parmi ces raisons, il
» regarde comme une des plus gran-
» des, la perte de nos amis.

» J'ai lu, avec beaucoup de sa-
» tisfaction, le détail que vous me
» donnez des honneurs qui ont été
» rendus à la mémoire de Franklin,
» par les Habitans de Philadelphie
» et par le Congrès américain. —
» J'eus aussi hier le plaisir d'appren-
» dre que l'Assemblée nationale de

» France avoit résolu de porter le
» deuil de ce Sage. — Quel spectacle
» glorieux la liberté prépare dans ce
» pays ! — Les Annales du monde
» n'en offrent point de pareil ; et
» l'un des plus grands honneurs de
» Franklin est d'y avoir beaucoup
» contribué. »

Agréez mon respect,

RICHARD PRICE.

Je dois observer que, quoique la *Science du Bonhomme Richard* ait déjà été publiée, je l'ai traduite de nouveau et mise à la fin du second Volume, car sans ce petit Ouvrage, les Œuvres Morales de Franklin auroient paru trop incomplètes.

VIE
DE
BENJAMIN FRANKLIN.

Mon cher Fils,

Je me suis amusé à recueillir quelques petites anecdotes concernant ma famille. Vous pouvez vous rappeler que, quand vous étiez avec moi en Angleterre, je fis des recherches parmi ceux de mes parens qui vivoient encore, et j'entrepris même un voyage à ce sujet. J'aime à penser que vous aurez, ainsi que moi, du plaisir à connoître les circonstances de mon origine et de ma vie, circonstances qui, en grande partie, sont encore ignorées de vous. Je vais donc les écrire : ce sera l'agréable emploi d'une semaine de loisir non-interrompu, dont je me propose de jouir pendant ma retraite actuelle à la campagne.

Il est aussi d'autres motifs qui m'engagent à écrire mes mémoires. Du sein de la pauvreté et de l'obscurité, dans lesquelles je naquis et je passai mes premières années, je me suis élevé à un état d'opulence et ai acquis quelque célébrité dans le monde. Un bonheur constant a été mon partage jusqu'à l'âge avancé où je suis parvenu; mes descendans seront peut-être curieux de connoître les moyens qui, grace au secours de la providence, m'ont toujours si bien réussi; et si par hasard ils se trouvent dans les mêmes circonstances que moi, ils pourront retirer quelqu'avantage de mes récits.

Je réfléchis souvent au bonheur dont j'ai joui, et je me dis quelquefois que, si l'offre m'en étoit faite, je m'engagerois volontiers à parcourir la même carrière, depuis le commencement jusqu'à la fin. Je demanderois, de plus, le privilège qu'ont les auteurs, de corriger, dans une seconde édition, les erreurs de la première. Je voudrois aussi pouvoir changer quelques incidens futiles, quelques petits évènemens pour d'autres plus favorables : mais quand bien même cela me seroit refusé, je ne consentirois pas moins à recommencer ma vie.

Toutefois, comme une répétition de la vie ne peut avoir lieu, ce qui, suivant moi, y ressemble le plus, c'est de s'en rappeler toutes les circonstances; et pour en rendre le souvenir plus durable, il faut les écrire. En m'occupant ainsi, je satisferai cette inclination qu'ont toujours les vieillards, à parler d'eux-mêmes et à conter ce qu'ils ont fait; et je suivrai librement mon penchant sans fatiguer ceux qui, par respect pour mon âge, se croiroient obligés de m'écouter. Ils pourront, au moins, ne pas me lire, si cela ne les amuse pas. Enfin, il faut bien que je l'avoue, puisque personne ne voudroit me croire si je le niois, peut-être satisferai-je ma vanité.

Toutes les fois que j'ai entendu prononcer ou que j'ai lu cette phrase préparatoire : — *Je puis dire sans vanité,* j'ai vu qu'elle étoit aussitôt suivie de quelque trait d'une vanité transcendante. En général, quelque vanité qu'aient les hommes, ils la haïssent dans les autres. Pour moi, je la respecte par-tout où je la rencontre, parce que je suis persuadé qu'elle est utile et à l'individu qu'elle domine et à ceux qui sont soumis à son influence. Il ne seroit donc pas tout-à-fait absurde que dans beaucoup de circonstances, un homme comptât sa vanité parmi les autres douceurs de la vie, et en rendît grace à la providence.

Mais laissez-moi reconnoître ici, en toute humilité, que c'est à cette divine providence que je dois toute ma félicité. C'est sa main puissante qui m'a fourni les moyens que j'ai employés et les a couronnés du succès. Ma foi, à cet égard, me donne, non la certitude, mais l'espérance que la bonté divine se signalera encore envers moi, soit en étendant la durée de mon bonheur jusqu'à la fin de ma carrière, soit en me donnant la force de supporter les funestes revers que je puis éprouver comme tant d'autres.

Ma fortune à venir n'est connue que de celui qui tient dans ses mains notre destinée, et qui peut faire servir nos afflictions mêmes à notre avantage.

Un de mes oncles, qui avoit désiré comme moi, de rassembler des anecdotes de notre famille, me donna quelques notes dont j'ai tiré plusieurs particularités, touchant nos ancêtres. C'est par-là que j'ai su que pendant trois cens ans au moins, ils ont vécu dans le village d'Eaton, en Northampton-Shire, sur un domaine d'environ trente acres. Mon oncle n'avoit pu découvrir combien de temps ils y avoient été établis avant ce terme. Probablement ils y étoient depuis l'époque où chaque famille prit un surnom, et où la nôtre choisit celui de Franklin, qui avoit été auparavant la dénomination d'un certain ordre de personnes (1).

(1) On trouve dans l'ouvrage de Fortescue, écrit vers l'an 1412, et intitulé : *De laudibus legum Angliæ*, une preuve que le mot *Franklin* désignoit un ordre ou un rang en Angleterre. Voici la traduction du passage qui dit qu'on pou-

Le petit domaine qui appartenoit à nos ancêtres, n'eût pas suffi pour leur subsistance, sans le métier de forgeron qui se perpétua parmi eux et fut constamment exercé par l'aîné de la famille,

voit aisément former de bons jurys dans toutes les parties de ce royaume.

— « En outre, le pays est tellement rempli
» de propriétaires, qu'il n'y a pas un village,
» quelque petit qu'il soit, où l'on ne trouve un
» chevalier, un écuyer, ou un de ces chefs
» de famille, appelés *Franklins*, qui tous ont
» de riches possessions. Il y a aussi d'autres francs-
» tenanciers, et beaucoup de métayers, qui ont
» assez de bien pour jouir du droit de composer
» un jury, dans la forme ci-dessus mentionnée ».

Le poëte Chaucer appelle aussi son campagnard un *Franklin*; et ayant décrit la manière honorable dont il tenoit sa maison, il dit à-peu-près :

Ce bon *Franklin*, l'honneur de son pays,
Simple en ses mœurs, simple dans sa parure,
Modestement portoit à sa ceinture,
Bourse de soie aussi blanche qu'un lys.
Preux chevalier, juge très-équitable,
Franc, généreux, compatissant, humain,
Tendant au pauvre une main secourable,
Par ses conseils éclairant l'incertain,
Il eut le don de plaire : il fut enfin,
Toujours aimé, comme toujours aimable.

jusques au temps de mon oncle ; coutume que lui et mon père suivirent aussi à l'égard de leurs fils.

Dans les recherches que je fis à Eaton, je ne trouvai aucun détail sur la naissance, les mariages et la mort de nos parens, que depuis l'année 1555, parce que le registre de la paroisse ne remontoit pas plus haut. J'appris, par ce registre, que j'étois le plus jeune fils du plus jeune des Franklin, en remontant à cinq générations. Mon grand-père Thomas, né en 1598, vécut à Eaton jusqu'à ce qu'il fût trop âgé pour continuer son métier. Alors il se retira à Banbury, dans l'Oxford-Shire, où résidoit son fils John, qui exerçoit le métier de teinturier, et chez qui mon père étoit en apprentissage. Mon grand-père mourut là et y fut enterré. Nous visitâmes sa tombe en 1758. Son fils aîné, Thomas, demeuroit à Eaton, dans la maison paternelle, qu'il légua avec la terre qui en dépendoit, à sa fille unique. Cette fille, de concert avec son mari, M. Fisher de Wellingborough vendit depuis son héritage à M. Ested, qui en est encore propriétaire.

Mon grand-père eut quatre fils qui lui survécurent ; savoir : Thomas, John, Benjamin et Josias. Je ne vous en dirai que ce que me fournira ma mémoire ; car je n'ai point ici mes papiers, dans lesquels vous trouverez un plus long détail, s'ils ne se sont pas égarés en mon absence.

Thomas avoit appris, sous son père, le métier de forgeron. Mais possédant beaucoup d'esprit naturel, il le perfectionna par l'étude, à la sollicitation de M. Palmer, qui étoit alors le principal habitant de la paroisse d'Eaton, et encouragea de même tous mes oncles à s'instruire. Thomas se mit donc en état de remplir l'office de procureur. Il devint bientôt un personnage essentiel pour les affaires du village, et fut un des principaux moteurs de toutes les entreprises publiques, tant pour ce qui avoit rapport au comté qu'à la ville de Northampton. On nous en raconta plusieurs traits remarquables, lorsque nous allâmes à Eaton. Il jouit de l'estime et de la protection particulière de lord Halifax, et mourut le 6 janvier 1702, précisément quatre ans avant ma naissance. Je me rappelle que le récit que nous firent de sa vie et de son caractère, quelques personnes âgées, dans le village, vous frappa extraordinairement par l'analogie que vous trouvâtes entre ces détails et ce que vous connoissiez de moi.

— « S'il étoit mort quatre ans plus » tard, dites-vous, on pourroit croire à » la transmigration des ames. »

John fut, à ce que je crois, élevé dans la profession de teinturier en laine.

Benjamin fut mis en apprentissage à Londres, chez un teinturier en soie. Il étoit industrieux. Je me souviens très-bien de lui; car lorsque j'étois encore enfant, il vint joindre mon père à Boston et vécut quelques années dans notre maison. Il fut toujours lié d'une tendre amitié avec mon père, qui me le donna pour parrain. Il parvint à un âge très-avancé. Il laissa deux volumes *in-quarto* de poésies manuscrites, consistant en petites pièces fugitives, adressées à ses amis. Il avoit inventé une tachygraphie, qu'il m'enseigna ; mais n'en ayant jamais fait usage je l'ai oubliée. C'étoit un homme rempli de piété, et très-soigneux d'aller entendre les meilleurs prédicateurs, dont il se fesoit un plaisir de transcrire les sermons d'après sa méthode abrégée. Il en avoit ainsi recueilli plusieurs volumes. Il aimoit aussi beaucoup les matières politiques, peut-être même trop pour sa situation.

Je trouvai dernièrement à Londres une collection qu'il avoit faite, de tous les principaux pamphlets relatifs aux affaires publiques, depuis l'année 1641 jusqu'en 1717. Il en manque plusieurs volumes, comme on le voit par la série des numéros : mais il en reste encore huit *in-folio* et vingt-quatre *in-quarto* et *in-octavo*. Ce recueil étoit tombé entre les mains d'un bouquiniste qui, me connoissant pour m'avoir vendu quelques livres, me l'apporta. Il paroît que mon oncle le laissa en Angleterre, quand il partit pour l'Amérique, il y a environ cinquante ans. J'y trouvai un grand nombre de notes marginales, écrites de sa main. Son petit-fils, Samuel Franklin, vit maintenant à Boston.

Notre humble famille avoit embrassé de bonne heure la réformation : elle y resta fidélement attachée durant le règne de Marie, et fut même en danger d'être persécutée à cause de son zèle contre le papisme. Elle avoit une Bible anglaise ; et pour la cacher d'une manière plus sûre, elle s'avisa de l'attacher toute ouverte, avec des cordons qui traversoient les feuillets, en dedans du couvercle d'une chaise percée. Quand mon grand-père vouloit la lire à ses enfans, il renversoit sur ses genoux le couvercle de la chaise percée, et fesoit passer les feuillets d'un cordon sous l'autre. Un des enfans fesoit sentinelle à la porte, afin d'avertir s'il voyoit l'appariteur, c'est-à-dire, l'huissier de la cour ecclésiastique. Dans ce cas, on remettoit le couvercle à sa place, et la Bible demeuroit cachée comme auparavant. C'est mon oncle Benjamin qui m'a raconté cette anecdote.

Toute la famille demeura attachée à l'église anglicane jusque vers la fin du règne de Charles second. Alors quelques ministres qui avoient été destitués comme non-conformistes, tinrent des conventicules en Northampton-Shire. Benjamin et Josias se joignirent à eux et ne se séparèrent plus de leur croyance. Le reste de la famille resta dans l'église épiscopale.

Josias, mon père, s'étoit marié jeune. Vers l'an 1682, il conduisit à la Nouvelle-Angleterre, sa femme et trois enfans. Il y avoit été engagé par quelques personnes considérables, de sa connoissance, qui, voyant les conventicules défendus par la loi et souvent inquiétés, s'étoient déterminées à passer en Amérique, dans l'espoir de jouir du libre exercice de leur religion.

Mon père eut encore de sa première femme, quatre enfans nés en Amérique. Il eut ensuite, d'une seconde femme, dix autres enfans, ce qui fait en tout, dix-sept. Je me souviens d'en avoir vu, assis à sa table, treize, qui tous grandirent et se marièrent. J'étois le dernier des fils, et le plus jeune de la famille, excepté deux filles. Je naquis à Boston dans la Nouvelle-Angleterre. Ma mère, cette seconde femme dont je viens de parler, étoit Abiah Folger, fille d'un des premiers colons, nommé *Pierre Folger,* que Cotton Mather, dans son histoire ecclésiastique de la province, cite honorablement comme un pieux et savant anglais, autant que je puis me rappeler ses expressions.

J'ai ouï dire que le père de ma mère avoit composé diverses petites pièces : mais l'on n'en a imprimé qu'une, que j'ai vue il y a plusieurs années. Elle porte la date de 1675, et est en vers familiers, suivant le goût du temps et du pays où elle fut écrite. L'auteur s'adressant à ceux qui gouvernoient alors, parle pour la liberté de conscience, et en faveur des anabaptistes, des quakers et des autres sectaires qui avoient été exposés à la persécution. C'est à cette persécution qu'il attribue les guerres avec les sauvages, et les autres calamités qui affligeoient le pays, les regardant comme un effet des jugemens de Dieu, en punition d'une offense aussi odieuse; et il exhorte le gouvernement à abolir des lois aussi contraires à la charité. Cette pièce est écrite avec une liberté mâle et une agréable simplicité. Je m'en rappelle les six derniers vers, quoique j'aie oublié l'arrangement des mots des deux premiers, dont le sens est que les censures de l'auteur sont dictées par la bienveillance, et que conséquemment il désire d'être connu. Je hais de tout mon cœur, ajoute-t-il, la dissimulation :

> Comme cette pièce est écrite
> Dans une bonne intention,

Je dis qu'à Shelburne (1) j'habite,
Et je signe ici mon vrai nom (2).
PIERRE FOLGER.

Mes frères furent tous placés pour apprendre différens métiers. Pour moi, on m'envoya dans un collège à l'âge de huit ans; mon père me destinoit à l'église et me regardoit déjà comme le chapelain de la famille. Il avoit conçu ce dessein, à cause de la promptitude avec laquelle j'avois appris à lire dans mon enfance, car je ne me souviens pas d'avoir jamais été sans savoir lire, et il y étoit, en outre, excité par les encouragemens de ses amis, qui l'assuroient que je deviendrois certainement un homme de lettres. Mon oncle Benjamin l'approuvoit aussi, et promettoit de me donner tous ses volumes de sermons, si je voulois me donner la

(1) Ville de l'île de Nantuket.
(2) Voici les vers anglais :

From Shelburne, where i dwell,
I therefore put my name,
Your friend, who means you well,
PETER FOLGER.

peine d'apprendre la méthode abrégée, selon laquelle il les avoit écrits.

Cependant, je demeurai à peine un an au collège, quoique dans ce court intervalle, je fusse du milieu de ma classe monté à la tête, et ensuite dans la classe immédiatement au-dessus, d'où je devois passer, à la fin de l'année, dans une classe supérieure. Mais mon père, chargé d'une nombreuse famille, se trouva hors d'état de fournir, sans se gêner beaucoup, à la dépense d'une éducation de collège. Considérant, en outre, comme il le disoit quelquefois devant moi à ses amis, le peu de ressources que cette carrière promettoit aux enfans, il renonça à ses premières intentions, me retira du collège, et m'envoya dans une école d'écriture et d'arithmétique, tenue par M. Georges Brownel, maître habile, qui réussissoit très-bien dans sa profession, en n'employant que des moyens doux et propres à encourager ses élèves. J'acquis bientôt sous lui une belle écriture : mais je ne fus pas aussi heureux en arithmétique,

arithmétique, car je n'y fis aucun progrès.

Je n'avois encore que dix ans, lorsque mon père me rappela auprès de lui pour l'aider dans sa nouvelle profession. C'étoit celle de fabricant de chandelles et de savon. Quoiqu'il n'en eût point fait l'apprentissage, il s'y étoit livré à son arrivée à la Nouvelle-Angleterre, parce qu'il avoit jugé que son métier de teinturier ne lui donneroit pas le moyen d'entretenir sa famille. Je fus donc employé à couper des mèches, à remplir des moules de chandelle, à prendre soin de la boutique et à faire des messages.

Cette occupation me déplaisoit, et je me sentois une forte inclination pour celle de marin : mais mon père ne voulut pas me la laisser embrasser. Cependant, le voisinage de la mer me donnoit fréquemment occasion de m'y hasarder et dedans et dessus. J'appris bientôt à nager et à conduire un canot. Quand je m'embarquois avec d'autres enfans, le gouvernail m'étoit ordinairement confié, sur-tout dans les occasions difficiles. Dans nos projets, j'étois presque toujours celui qui conduisoit la troupe, et je l'engageois quelquefois dans des embarras. Je vais vous citer un fait qui, quoiqu'il ne soit pas fondé sur la justice, prouve que j'ai eu de bonne heure des dispositions pour les entreprises publiques.

Le réservoir d'un moulin étoit terminé d'un côté, par un marais sur les bords duquel mes camarades et moi avions coutume de nous tenir, à la haute marée, pour pêcher de petits poissons. A force d'y piétiner, nous en avions fait un vrai bourbier. Ma proposition fut d'y construire une chaussée sur laquelle nous puissions marcher de pied ferme. Je montrai en même-temps à mes compagnons un grand tas de pierres, destinées à bâtir une maison près du marais, et très-propres à remplir notre objet. En conséquence, le soir, dès que les ouvriers furent retirés, je rassemblai un certain nombre d'enfans de mon âge, et en travaillant avec la diligence d'un essaim de fourmis, et nous mettant quelquefois quatre pour porter une seule pierre, nous les chariâmes toutes, et construisîmes un petit quai. Le lendemain matin, les ouvriers furent très-surpris de ne plus retrouver leurs pierres. Ils virent bientôt qu'elles avoient été conduites à notre chaussée. On fit les recherches sur les auteurs de ce méfait. Nous fûmes découverts. On porta des plaintes. Plusieurs d'entre nous essuyèrent des corrections de la part de leurs parens; et quoique je défendisse courageusement l'utilité de l'ouvrage, mon père me convainquit enfin que ce qui n'étoit pas strictement honnête, ne pouvoit être regardé comme utile.

Peut-être sera-t-il intéressant pour vous d'apprendre quelle sorte d'homme étoit mon père. Il avoit une excellente constitution. Il étoit d'une taille moyenne, mais bien fait, fort, et mettant beaucoup d'activité dans tout ce qu'il entreprenoit. Il dessinoit avec propreté, et savoit un peu de musique. Sa voix étoit sonore et agréable, quand il chantoit un pseaume ou une hymne, en s'accompagnant avec son violon, ce qu'il fesoit souvent le soir après son travail; il y avoit vraiment un grand plaisir à l'entendre. Il étoit aussi versé dans la mécanique, et savoit se servir des outils de divers métiers. Mais son plus grand mérite étoit d'avoir un entendement sain, un jugement solide et une grande prudence, soit dans sa vie privée, soit dans ce qui avoit rapport aux affaires publiques. A la vérité il ne s'engagea point dans les dernières, parce que sa nombreuse famille et la médiocrité de sa fortune fesoient qu'il s'occupoit constamment des devoirs de sa profession. Mais je me souviens très-bien que les hommes qui dirigeoient les affaires, venoient souvent lui demander son opinion sur ce qui intéressoit la ville, ou l'église à laquelle il étoit attaché, et qu'ils avoient beaucoup de déférence pour ses avis. On le consultoit aussi sur des affaires particulières; et il étoit souvent pris pour arbitre entre les personnes qui avoient quelque différend.

Il aimoit à réunir à sa table, aussi souvent qu'il le pouvoit, quelques amis ou quelques voisins, en état de raisonner avec lui, et il avoit toujours soin de faire tomber la conversation sur quelque sujet utile, ingénieux et propre à former l'esprit de ses enfans. Par ce moyen, il tournoit de bonne heure notre attention vers ce qui étoit juste, prudent, utile dans la conduite de la vie. Il ne parloit jamais des mets qui paroissoient sur la table. Il n'observoit point s'ils étoient bien ou mal cuits, de bon ou de mauvais goût, trop ou trop peu assaisonnés, préférables ou inférieurs à tel autre plat du même genre. Ainsi, accoutumé dès mon enfance à ne pas faire la moindre attention à ces objets ; j'ai toujours été parfaitement indifférent à l'espèce d'alimens qu'on m'a servis ; et je m'occupe encore si peu de ces choses-là, que quelques heures après mon dîner il me seroit difficile de me ressouvenir de quoi il a été composé. C'est, sur-tout, en voyageant que j'ai senti l'avantage de cette habitude ; car il m'est souvent arrivé de me trouver avec des personnes, qui ayant un goût plus délicat que le mien, parce qu'il étoit plus exercé, souffroient dans bien des occasions où je n'avois rien à désirer.

Ma mère avoit aussi une excellente constitution. Elle nourrit elle-même tous ses dix enfans ; et je n'ai jamais vu ni à elle, ni à mon père, d'autre maladie que celle dont ils sont morts. Mon père mourut à l'âge de quatre-vingt-sept ans, et ma mère à celui de quatre-vingt-cinq. Ils sont enterrés à Boston, dans le même tombeau ; et il y a quelques années que j'y plaçai un marbre avec cette inscription.

« Ci-gissent
» JOSIAS FRANKLIN et ABIAH,
» sa femme.
» Ils vécurent ensemble avec une affection
» réciproque pendant cinquante-neuf ans ; et
» sans biens-fonds, sans emploi lucratif, par
» un travail assidu et une honnête industrie,
» ils entretinrent décemment une famille nom-

» breuse, et élevèrent avec succès treize enfans
» et sept petits-enfans. — Que cet exemple,
» lecteur, t'encourage à remplir diligemment
» les devoirs de ta vocation, et à compter sur
» les secours de la providence!
» Il fut pieux et prudent ;
» Elle, discrète et vertueuse.
» Leur plus jeune fils, par un sentiment
» de piété filiale, consacre cette pierre à leur
» mémoire. »

Mes digressions multipliées me font appercevoir que je deviens vieux. Mais nous ne devons pas nous parer pour une société particulière, comme pour un bal de cérémonie. Ma manière ne mérite peut-être que le nom de négligence.

Revenons. Je continuai à être employé au métier de mon père pendant deux années, c'est-à-dire, jusqu'à ce que j'eus atteint l'âge de douze ans. Alors, mon frère John, qui avoit fait son apprentissage à Londres, quitta mon père, se maria et s'établit à Rhode-Island. Je fus, suivant toute apparence, destiné à remplir sa place, et à rester toute ma vie fabricant de chandelles. Mais mon dégoût pour cet état ne diminuoit pas ; et mon père appréhenda que s'il ne m'en offroit un plus agréable, je ne fisse le vagabond et ne prisse le parti de la mer, comme avoit fait, à son grand mécontentement, mon frère Josias. En conséquence, il me menoit quelquefois voir travailler des maçons, des tonneliers, des chaudronniers, des menuisiers et d'autres artisans, afin de découvrir mon penchant, et de pouvoir le fixer sur quelque profession qui me retînt à terre. Ces visites ont été cause que depuis j'ai toujours beaucoup de plaisir à voir de bons ouvriers manier leurs outils; et elles m'ont été très-utiles, puisqu'elles m'ont mis en état de faire de petits ouvrages pour moi, quand je n'ai pas eu d'ouvrier à ma portée, et de construire de petites machines pour mes expériences, à l'instant où l'idée que j'avois conçue étoit encore fraîche et fortement imprimée dans mon imagination.

Enfin, mon père résolut de me faire apprendre le métier de coutelier; et il me mit pour quelques jours en essai chez Samuel Franklin, fils de mon oncle Benjamin. Samuel avoit appris son état à Londres et s'étoit établi à Boston. Le payement qu'il demandoit pour mon apprentissage ayant déplu a mon père, je fus rappelé à la maison.

J'étois, dès mes plus jeunes ans, passionné pour la lecture, et je dépensois en livres tout le peu d'argent que je pouvois me procurer. J'aimois, sur-tout, les relations de voyages. Ma première acquisition fut le *Recueil de Bunyan*, en petits volumes séparés. Je vendis ensuite ce recueil pour acheter la *Collection historique de R. Burton*, laquelle consistoit en quarante ou cinquante petits volumes peu coûteux.

La petite bibliothèque de mon père étoit presqu'entièrement composée de livres de théologie-pratique et de controverse. J'en lus la plus grande partie. Depuis, j'ai souvent regretté, que dans un temps où j'avois une si grande soif d'apprendre, il ne fut pas tombé entre mes mains des livres plus convenables, puisqu'il étoit alors décidé que je ne serois point élevé dans l'état ecclésiastique. Il y avoit aussi parmi les livres de mon père, les *Vies de Plutarque*, que je parcourois continuellement; et je regarde encore comme avantageusement employé le temps que je consacrai à cette lecture. Je trouvai, en outre, chez mon père, un ouvrage de Defoe, intitulé: *Essai sur les Projets*; et peut-être est-ce dans ce livre que j'ai pris des impressions, qui ont influé sur quelques-uns des principaux évènemens de ma vie.

Mon goût pour les livres, détermina enfin mon père à faire de moi un imprimeur, bien qu'il eût déjà un fils dans cette profession. Mon frère étoit retourné d'Angleterre, en 1717, avec une presse et des caractères, afin d'établir une imprimerie à Boston. Cet état me plaisoit beaucoup plus que celui que je fesois: mais j'avois pourtant encore une prédilection pour la mer. Pour prévenir les effets qui pouvoient résulter de ce penchant, mon père étoit impatient de me voir engagé avec mon frère. Je m'y refusai quelque temps ; mais, enfin, je me laissai persuader, et je signai mon contrat d'apprentissage, n'étant encore âgé que de douze ans. Il fut convenu que je servirois comme apprenti jusqu'à l'âge de vingt-un ans, et que je ne recevrois les gages d'ouvrier que pendant la dernière année.

En peu de temps, je fis de grands progrès dans ce métier, et je devins très-utile à mon frère. J'eus alors occasion de me procurer de meilleurs livres. La connoissance que je fis nécessairement des apprentis des libraires, me mit à même d'emprunter de temps en temps quelques volumes, que je rendois très-exactement, sans les avoir gâtés. Combien de fois m'est-il arrivé de passer la plus grande partie de la nuit à lire à côté de mon lit, quand un livre m'avoit été prêté le soir, et qu'il falloit le rendre le lendemain matin, de peur qu'on ne s'apperçût qu'il manquoit ou qu'on n'en eût besoin !

Par la suite, M. Mathieu Adams, négociant très-éclairé, qui avoit une belle collection de livres, et qui fréquentoit notre imprimerie, fit attention à moi. Il m'invita à aller voir sa bibliothèque, et il eut la complaisance de me prêter tous les livres que j'eus envie de lire. Je pris alors un goût singulier pour la poésie, et je composai diverses petites pièces de vers.

Mon frère s'imaginant que mon talent pourroit lui être avantageux, m'encouragea et m'engagea à faire deux ballades. L'une, intitulée *la Tragédie de Phare*, contenoit le récit du naufrage du capitaine Worthilake et de ses deux filles ; l'autre étoit une chanson de matelot sur la prise d'un fameux pirate, nommé *Teach*, ou *Barbe-Noire*. Ces ballades n'étoient que des chansons d'aveugle, des vers misérables. Quand elles furent imprimées, mon frère me chargea d'aller les vendre par la ville. La première eut un débit prodigieux, parce que l'évènement étoit récent, et avoit fait grand bruit.

Ma vanité fut flattée de ce succès : mais

mon père diminua beaucoup ma joie en tournant mes productions en ridicule, et en me disant que les faiseurs de vers étoient toujours pauvres. Ainsi j'échappai au malheur d'être probablement un très-mauvais poëte. Mais comme la faculté d'écrire en prose m'a été d'une grande utilité dans le cours de ma vie, et a principalement contribué à mon avancement, je vais rapporter comment, dans la situation où j'étois, j'acquis le peu de talent que je possède en ce genre.

Il y avoit dans la ville un autre grand amateur de livres. C'étoit un jeune garçon, nommé *Collins*, avec lequel j'étois intimement lié. Nous disputions souvent ensemble, et nous aimions tellement à argumenter que rien n'étoit si agréable pour nous qu'une guerre de mots. Ce goût contentieux est, pour l'observer en passant, très-propre à devenir une mauvaise habitude, et rend souvent insupportable la société d'un homme, parce qu'il le porte à contredire à tous propos ; et indépendamment du trouble et de l'aigreur qu'il met dans la conversation, il fait naître souvent le dédain et même la haine entre des personnes qui auroient besoin de s'aimer. J'avois pris ce goût, chez mon père, en lisant les livres de controverse. J'ai depuis remarqué qu'un tel défaut est rarement le partage des gens sensés, excepté les avocats, les membres des universités, et les hommes de tout autre état, élevés à Edimbourg.

Un jour, il s'éleva entre Collins et moi une dispute sur l'éducation des femmes. Il s'agissoit de décider s'il convenoit de les instruire dans les sciences, et si elles étoient propres à l'étude. Collins soutenoit la négative, et affirmoit qu'une telle éducation n'étoit pas à leur portée. Je défendis le contraire, peut-être un peu pour le plaisir de disputer. Il étoit naturellement plus éloquent que moi. Les paroles couloient en abondance de ses lèvres. Je me croyois souvent vaincu, plutôt par sa volubilité que par la force de ses raisons. Nous nous séparâmes sans nous accorder sur le point en question; et comme nous ne devions pas nous revoir de quelque temps, j'écrivis mes raisons, je les mis bien au net, et je les lui envoyai. Il répondit; je répliquai. Trois ou quatre lettres avoient déjà été écrites de part et d'autre, lorsque mon père examina par hasard mes papiers, et lut ces lettres. Sans entrer en discussion sur le fond de la dispute, il en prit occasion de me parler de ma manière d'écrire. Il observa que bien que je connusse mieux que mon adversaire l'ortographe et la ponctuation, je lui étois très-inférieur pour l'élégance des expressions, l'ordre et la clarté; et il m'en donna plusieurs exemples. Je sentis la justesse de ses remarques : je devins plus attentif à la pureté du langage; et je résolus de faire tous mes efforts pour perfectionner mon style.

Sur ces entrefaites, il tomba entre mes mains un volume dépareillé du *Spectateur*. Je ne connoissois point encore cet ouvrage. J'achetai le volume et le lus plusieurs fois. J'en fus enchanté; le style m'en parut excellent, et je désirai de pouvoir l'imiter. Dans ce dessein, j'en choisis quelques discours, je fis de courts sommaires du sens de chaque période, et je les mis de côté pendant quelques jours. Au bout de ce temps-là, j'essayai, sans regarder le livre, de rendre aux discours leur première forme, et d'exprimer chaque pensée comme elle étoit dans l'ouvrage même, employant les mots les plus convenables, qui s'offroient à mon esprit. Je comparai ensuite mon *Spectateur* avec l'original. J'apperçus quelques fautes, que je corrigeai : mais je trouvai qu'il me manquoit un fonds de mots, si je peux m'exprimer ainsi, et cette facilité à me les rappeler et à les employer, qu'il me sembloit que j'aurois déjà acquise, si j'avois continué à faire des vers. Le besoin continuel d'expressions, qui eussent la même signification, mais dont la longueur et le son fussent différens à cause de la mesure et de la rime, m'auroit forcé à chercher les divers synonymes et me les eût rendus familiers. Plein de

cette

cette idée, je mis en vers quelques-uns des contes, qu'on trouve dans le *Spectateur*; et après les avoir suffisamment oubliés, je les remis en prose.

Quelquefois je mêlois tous mes sommaires; et au bout de quelques semaines, je tâchois de les ranger dans le meilleur ordre, avant de commencer à former les périodes et à compléter les discours. Je fesois cela pour acquérir de la méthode dans l'arrangement de mes pensées. En comparant ensuite mon ouvrage avec l'original, je découvrois beaucoup de fautes, et je les corrigeois : mais j'avois par fois le plaisir de m'imaginer que dans certains passages de peu de conséquence, j'avois été assez heureux pour mettre plus d'ordre dans les idées et employer des expressions plus élégantes; et cela me faisoit espérer que, par la suite, je parviendrois à bien écrire la langue anglaise, ce qui étoit un des grands objets de mon ambition.

Le temps que je consacrois à ces exercices et à la lecture, étoit le soir après le travail de la journée, le matin avant qu'il commençât, et le dimanche quand je pouvois m'empêcher d'assister au service divin. Tant que mon père m'avoit eu dans sa maison, il avoit exigé que j'allasse régulièrement à l'église. Je le regardois même encore comme un devoir, mais un devoir que je ne croyois pas avoir le temps de pratiquer.

J'avois environ seize ans, lorsque je lus par hasard un ouvrage de Tryon, dans lequel il recommande le régime végétal. Je résolus de l'observer. Mon frère étant célibataire n'avoit point d'ordinaire chez lui. Il s'étoit mis en pension avec ses apprentis chez des personnes de son voisinage. Le parti que j'avois pris de m'abstenir de viande devint gênant pour ces personnes, et j'étois souvent grondé pour ma singularité. Je me mis au fait de la manière dont Tryon préparoit quelques-uns de ses mets, sur-tout de faire bouillir des pommes de terre et du riz, et de faire des poudings à la hâte. Après quoi je dis à mon frère que s'il vouloit me donner, chaque semaine, la moitié de ce qu'il payoit pour ma pension, j'entreprendrois de me nourrir moi-même. Il y consentit à l'instant; et je trouvai bientôt le moyen d'économiser la moitié de ce qu'il m'allouoit.

Ces épargnes furent un nouveau fonds pour l'achat de livres; et mon plan me procura encore d'autres avantages. Quand mon frère et ses ouvriers quittoient l'imprimerie pour aller dîner, j'y demeurois; et après avoir fait mon frugal repas, qui n'étoit souvent composé que d'un biscuit, ou d'un morceau de pain, avec une grappe de raisin, ou, enfin, d'un gâteau pris chez le pâtissier et d'un verre d'eau, j'employois à étudier le temps qui me restoit jusqu'à leur retour. Mes progrès étoient proportionnés à cette clarté d'idées, à cette promptitude de conception, qui sont le fruit de la tempérance dans le boire et le manger

Ce fut à cette époque qu'ayant eu un jour à rougir de mon ignorance dans l'art du calcul, que j'avois deux fois manqué d'apprendre à l'école, je pris le *Traité d'Arithmétique de Cocker*, et je l'appris seul avec la plus grande facilité. Je lus aussi un livre sur la navigation, par Seller et Sturmy, et je me mis au fait du peu de géométrie qu'il contient : mais je n'ai jamais été loin dans cette science. A-peu-près dans le même temps, je lus l'*Essai sur l'Entendement humain de Locke*, et l'*Art de Penser, de MM. de Port-Royal*.

Tandis que je travaillois à former et à perfectionner mon style, je rencontrai une grammaire anglaise, qui est, je crois, celle de Greenwood, à la fin de laquelle il y a deux petits essais sur la rhétorique et sur la logique. Je trouvai dans le dernier un modèle de dispute selon la méthode de Socrate. Peu de temps après je me procurai l'ouvrage de Xenophon, intitulé : *les Choses Mémorables de Socrate*, ouvrage dans lequel l'historien grec donne plusieurs exemples de la même méthode. Charmé jusqu'à l'enthousiasme de cette manière de disputer, je l'adoptai ; et renonçant à la dure contradiction, à l'argumentation directe et positive, je pris le rôle d'humble questionneur.

La lecture de Shaftsbury et de Collins m'avoient rendu sceptique ; et comme je l'étois déjà sur beaucoup de points des doctrines chrétiennes, je trouvai que la méthode de Socrate étoit à la fois la plus sûre pour moi, et la plus embarrassante pour ceux contre lesquels je l'employois. Elle me procura bientôt un singulier plaisir. Je m'en servois sans cesse, et je devins très-adroit à obtenir, même des personnes d'un esprit supérieur, des concessions, dont elles ne prévoyoient pas les conséquences. Ainsi, je les embarrassois dans des difficultés, dont elles ne pouvoient pas se dégager, et je remportois des victoires, que ne méritoient ni ma cause, ni mes raisons.

Je continuai pendant quelques années à me servir de cette méthode. Mais ensuite je l'abandonnai peu-à-peu, conservant seulement l'habitude de m'exprimer avec une modeste défiance, et de n'employer jamais, pour une proposition qui pouvoit être contestée, les mots *certainement*, *indubitablement*, ou tout autre qui pût me donner l'air d'être obstinément attaché à mon opinion. Je disois plutôt : j'imagine, je suppose, il me semble que telle chose est comme cela par telle et telle raison ; ou bien : cela est ainsi, si je ne me trompe.

Cette habitude m'a été, je crois, très-avantageuse, quand j'ai eu besoin d'inculquer mon opinion dans l'esprit des autres, et de leur persuader de suivre les mesures que j'avois proposées. Puisque les principaux objets de la conversation sont de s'instruire ou d'instruire les autres, de plaire ou de persuader, je désirerois que les hommes intelligens et bien intentionnés ne diminuassent pas le pouvoir qu'ils ont d'être utiles, en affectant de s'exprimer d'une manière positive et présomptueuse, qui ne manque guère de déplaire à ceux qui écoutent, et n'est propre qu'à exciter des oppositions, et à prévenir les effets pour lesquels le don de la parole a été accordé à l'homme.

Si vous voulez instruire, un ton dogmatique et affirmatif en avançant votre opinion, est toujours cause qu'on cherche à vous contredire, et qu'on ne vous écoute pas avec attention. D'un autre côté, si en désirant d'être instruit et de profiter des connoissances des autres, vous vous exprimez comme étant fortement attaché à votre façon de penser, les hommes modestes et sensibles, qui n'aiment point la dispute, vous laisseront tranquillement en possession de vos erreurs. En suivant une méthode orgueilleuse, vous pouvez rarement espérer de plaire à vos auditeurs, de vous concilier leur bienveillance, et de convaincre ceux que vous cherchez à faire entrer dans vos vues. Pope dit judicieusement (1) :

En donnant des leçons n'affectez point d'instruire.
Plutôt au goût d'autrui soigneux de vous plier,
Feignez de rappeler ce qu'on put oublier.

Ensuite il ajoute :

Quoique certain, parlez d'un air de défiance.

(1) Essai sur la critique.

A ces vers, il auroit pu en joindre un autre, qu'il a placé ailleurs moins convenablement à mon avis. Le voici :

Car c'est manquer de sens que manquer de décence.

Si vous demandez pourquoi je dis *moins convenablement*, je vous citerai les deux vers ensemble :

Un immodeste mot n'admet point de défense ;
Car c'est manquer de sens que manquer de décence.

Le défaut de sens, quand un homme a le malheur d'être dans ce cas, n'est-il pas une sorte d'excuse pour le défaut de modestie ? Et ces vers ne seroient-ils pas plus exacts, s'ils étoient construits ainsi ?

Un immodeste mot n'admet qu'une défense ;
C'est qu'on manque de sens en manquant de décence.

Mais je m'en rapporte pour cela à de meilleurs juges que moi.

En 1720, ou 1721, mon frère commença à imprimer une nouvelle gazette. C'étoit la seconde qui paroissoit en Amérique. Elle avoit pour titre : *le Courier de la*

Nouvelle-Angleterre (1). La seule qu'il y eût auparavant à Boston, étoit intitulée: *Lettres-Nouvelles de Boston* (2).

Je me rappelle que quelques-uns des amis de mon frère voulurent le détourner de cette entreprise, comme d'une chose qui ne pouvoit pas réussir, parce que selon eux un seul papier-nouvelle suffisoit pour toute l'Amérique. Cependant, à présent, en 1771, il n'y en pas moins de vingt-cinq. Mon frère exécuta son projet. Et moi après avoir aidé à composer et à imprimer sa gazette, j'étois employé à en distribuer les exemplaires à ses abonnés.

Parmi ses amis étoient plusieurs hommes lettrés, qui se faisoient un plaisir d'écrire de petites pièces pour sa feuille; ce qui lui donna de la réputation et en augmenta le débit. Ces auteurs venoient nous voir fréquemment. J'entendois leur conversation, et ce qu'ils disoient de la manière favorable, dont le public accueilloit leurs écrits. Je fus tenté de m'essayer parmi

(1) New-England courant.
(2) Boston News-Letter.

eux. Mais comme j'étois encore un enfant, je craignis que mon frère ne voulût pas insérer, dans sa feuille, un morceau dont il me connoîtroit pour l'auteur. En conséquence, je songeai à déguiser mon écriture, et ayant composé une pièce anonyme, je la plaçai le soir sous la porte de l'imprimerie. Elle y fut trouvée le lendemain matin. Mon frère profitant du moment où ses amis vinrent le voir suivant leur coutume, leur communiqua cet écrit. Je le leur entendis lire et commenter. J'eus l'extrême plaisir de voir qu'il obtenoit leur approbation, et que dans leurs diverses conjectures sur l'auteur, ils n'en nommoient pas un, qui ne jouît, dans le pays, d'une grande réputation d'esprit et de talent.

Je suppose à présent que je fus heureux en juges, et je commence à croire qu'ils n'étoient pas aussi excellens écrivains que je l'imaginois alors. Quoi qu'il en soit, encouragé par cette petite aventure, j'écrivis et j'envoyai, de la même manière, à l'imprimerie, plusieurs autres pièces, qui furent également approuvées. Je gardai le secret jusqu'à ce que mon petit fonds de connoissances pour de pareils écrits fût presqu'entièrement épuisé. Alors je me nommai.

Après cette découverte, mon frère commença à avoir un peu plus de considération pour moi. Mais il se regardoit toujours comme mon maître, et me traitoit en apprenti. Il croyoit devoir tirer de moi les mêmes services que de tout autre. Moi, au contraire, je pensois qu'il étoit trop exigeant dans bien des cas, et que j'avois droit à plus d'indulgence de la part d'un frère. Nos disputes étoient souvent portées devant mon père ; et soit qu'en général mon frère eût tort, soit que je plaidasse mieux que lui, le jugement étoit presque toujours en ma faveur. Mais mon frère étoit violent, et souvent il s'emportoit jusqu'à me donner des coups ; ce que je prenois en très-mauvaise part. Ce traitement sévère et tyrannique contribua, sans doute, à imprimer dans mon ame l'aversion, que j'ai conservée toute ma vie pour le pouvoir arbitraire. Mon apprentissage me devint si insupportable que je soupirois sans cesse après l'occasion de l'abréger. Elle s'offrit enfin à moi d'une manière inattendue.

Un article inséré dans notre feuille, sur quelqu'objet politique, dont je ne me souviens point, offensa l'assemblée générale de la province. Mon frère fut arrêté, censuré et emprisonné pendant un mois, parce qu'il ne voulut pas, je crois, découvrir l'auteur de l'article. Je fus aussi arrêté et examiné devant le conseil : mais quoique je ne donnasse aux juges aucune satisfaction, ils se contentèrent de me faire une réprimande, et ils me renvoyèrent, me regardant, peut-être, comme obligé, en qualité d'apprenti, de garder les secrets de mon maître.

Malgré mes querelles particulières avec mon frère, sa détention me causa beaucoup de ressentiment. Tandis qu'il étoit en prison, j'étois chargé de la rédaction de sa feuille, et j'eus assez de courage pour y insérer quelques sarcasmes contre nos gouvernans. Cela fit grand plaisir à mon frère : mais d'autres personnes commencèrent à me regarder sous un point de vue défavorable, et comme un jeune bel esprit enclin à l'épigramme et à la satyre.

L'élargissement de mon frère fut suivi d'un ordre arbitraire de l'assemblée, portant : « Que James Franklin n'impri» meroit plus la feuille intitulée : *Le* » *Courier de la Nouvelle-Angleterre* ». — Dans cette conjoncture nous convoquâmes nos amis dans notre imprimerie, afin de les consulter sur ce qu'il convenoit de faire. Quelques-uns proposèrent d'éluder l'ordre, en changeant le titre de la gazette. Mais mon frère craignant qu'il n'en résultât quelques inconvéniens, pensa qu'il valoit mieux désormais imprimer cette feuille avec le nom de Benjamin Franklin ; et pour éviter la censure de l'assemblée qui pouvoit l'accuser d'en être encore lui-même l'imprimeur sous le nom de son apprenti, il fut résolu que mon ancien contrat d'apprentissage me seroit rendu avec une pleine et entière décharge, écrite au verso, afin de le produire dans l'occasion. Mais pour assurer mon service à mon frère, on décida, en même-temps, que je signerois un nouveau contrat, qui seroit tenu secret durant le reste du terme. C'étoit un très-pauvre arrangement. Cependant il fut aussitôt mis à exécution ; et la feuille continua, pendant quelques mois, à paroître sous mon nom. Enfin, un nouveau différend s'étant élevé entre mon frère et moi, je me hasardai à profiter de ma liberté, présumant qu'il n'oseroit pas montrer le second contrat.

Certes, il étoit honteux pour moi de me servir de cet avantage, et je compte cette action comme une des premières erreurs de ma vie. Mais j'étois peu capable de la juger pour ce qu'elle étoit. Le souvenir d'avoir été battu par mon frère m'avoit excessivement aigri. Quoiqu'il se mît souvent en colère contre moi, mon frère n'avoit point un mauvais caractère ; et peut-être que ma manière de me conduire avec lui, étoit trop impertinente pour ne pas lui donner de justes raisons de s'irriter.

Quand il sut que j'avois résolu de quitter sa maison, il voulut m'empêcher de trouver de l'emploi ailleurs. Il alla dans les diverses imprimeries de la ville, et prévint les maîtres contre moi. En conséquence, ils refusèrent tous de me faire travailler. L'idée me vint alors de me rendre à New-York, la ville la plus voisine, où il y eût une imprimerie. D'autres réflexions me confirmèrent dans le dessein de quitter Boston, où je m'étois déjà rendu suspect au parti gouvernant. D'après les procédés arbitraires de l'assemblée dans l'affaire de mon frère, il étoit probable que si j'étois resté, je me serois bientôt trouvé exposé à des difficultés. J'avois même d'autant plus lieu de le craindre, que mes imprudentes disputes sur la religion commençoient à me faire regarder, par les gens pieux, avec l'horreur qu'inspire un apostat ou un athée.

Je pris donc décidément mon parti.

Mais comme mon père étoit alors d'accord avec mon frère, je pensai que si j'essayois de m'en aller ouvertement, on prendroit des mesures pour m'arrêter. Mon ami Collins se chargea de favoriser ma fuite. Il fit marché pour mon passage avec le capitaine d'une corvette de New-York. En même-temps, il me représenta à ce marin comme un jeune homme de sa connoissance, lequel avoit eu affaire avec une fille débauchée, dont les parens vouloient le forcer à l'épouser, et il dit qu'en conséquence je ne pouvois ni me montrer ni partir publiquement. Je vendis une partie de mes livres pour me procurer une petite somme d'argent, et je me rendis secrètement à bord de la corvette. Favorisé par un bon vent je me trouvai, en trois jours, à New-York, à près de trois cents milles de chez moi. Je n'étois âgé que dix-sept ans, je ne connoissois personne dans le pays où je venois d'arriver, et je n'avois que fort peu d'argent dans ma poche.

L'inclination que je m'étois sentie pour
le

le métier de marin, étoit entièrement passée, sans quoi j'aurois été alors bien à même de la satisfaire. Mais ayant un autre état, et me croyant moi-même assez bon ouvrier, je ne balançai pas à offrir mes services au vieux William Bradford qui, après avoir été le premier imprimeur en Pensylvanie, avoit quitté cette province, parce qu'il avoit eu une querelle avec le gouverneur, William Keith.

William Bradford ayant peu d'ouvrage et autant d'ouvriers qu'il lui en falloit, ne put pas m'employer. Mais il me dit que son fils, imprimeur à Philadelphie, avoit depuis peu vu mourir Aquila Rose, son principal compositeur, et que si je voulois aller le joindre, il s'arrangeroit probablement avec moi. Philadelphie n'étoit qu'à cent milles plus loin. Je n'hésitai pas à m'embarquer dans un bateau, pour me rendre à Amboy, par le plus court trajet de mer; et je laissai ma malle et mes autres effets, afin qu'ils me parvinssent par la voie ordinaire. En traversant la baie, nous essuyâmes un coup de vent qui mit en pièces nos voiles déjà pourries, nous empêcha d'entrer dans le Kill et nous jeta sur les côtes de Long-Island (1).

Pendant le mauvais temps, un Hollandais, ivre, qui, comme moi, étoit passager à bord du bateau, tomba dans la mer. A l'instant où il s'enfonçoit, je le saisis par le toupet, le tirai à bord et le sauvai. Cette immersion le désenivra un peu, et il s'endormit tranquillement après avoir tiré de sa poche un volume qu'il me pria de faire sécher. Je vis bientôt que ce volume étoit la traduction hollandaise des Voyages de Bunyan, mon ancien livre favori. Il étoit parfaitement bien imprimé, sur de très-beau papier et orné de gravures en taille-douce; parure sous laquelle je ne l'avois jamais vu dans sa langue originale. J'ai su depuis qu'il a été traduit dans la plupart des langues de l'Europe; et je suis persuadé qu'après la Bible, c'est un

(1) L'île Longue.

des livres qui ont été le plus répandus.

L'honnête John est, à ma connoissance, le premier qui a mêlé la narration et le dialogue, manière d'écrire attrayante pour le lecteur, qui dans les endroits les plus intéressans, se trouve admis dans la société des personnages dont parle l'auteur, et présent à leur conversation. Defoe a suivi avec succès cette méthode, dans son *Robinson Crusoé*, dans sa *Molly Flanders*, et dans d'autres ouvrages; et Richardson en a fait de même dans sa *Pamela* et ailleurs.

En approchant de l'île, nous nous apperçûmes que nous étions dans un endroit, où nous ne pouvions point aborder, à cause des forts brisans qu'occasionnoient les rochers qui hérissoient la côte. Nous jetâmes l'ancre et filâmes le cable vers le rivage. Quelques hommes, qui étoient sur le bord de l'eau, nous hélèrent, tandis que nous les hélions aussi ; mais le vent étoit si fort et la vague si bruyante, que nous ne pouvions distinguer ce que nous disions ni les uns ni les autres. Il y avoit des canots sur la plage. Nous leur criâmes et leur fîmes des signes pour les engager à venir nous chercher : mais soit qu'ils ne nous comprissent pas, soit qu'ils jugeassent que ce que nous demandions étoit impraticable, ils se retirèrent. La nuit approchoit, et le seul parti qui nous resta, étoit d'attendre patiemment que le vent s'appaisât. Pendant ce temps-là, nous résolûmes, le pilote et moi, d'essayer de nous endormir. Nous nous mîmes en conséquence, sous l'écoutille, où étoit le Hollandais, encore tout mouillé. Mais nous fûmes bientôt presqu'aussi trempés que lui; car la lame qui passoit par-dessus le pont, nous atteignit dans notre retraite.

Durant toute la nuit, nous n'eûmes que très-peu de repos. Le lendemain, le calme nous permit de gagner Amboy avant la fin du jour. Nous avions passé trente heures, sans avoir de quoi manger et sans autre boisson qu'une bouteille de mauvais rhum, l'eau sur laquelle nous fîmes route, étant salée. Le soir, je me couchai avec une fièvre violente. J'avois lu quelque part, que dans ces cas, l'eau fraîche, bue en abondance, étoit un bon remède. Je suivis ce précepte ; je suai beaucoup la plus grande partie de la nuit, et la fièvre me quitta.

Le jour suivant, je passai le bac et continuai mon voyage à pied. J'avois cinquante milles à faire pour arriver à Burlington, où l'on m'avoit dit que je trouverois des bateaux de passage qui me porteroient à Philadelphie. La pluie tomba avec force toute la journée ; de sorte que je fus mouillé jusqu'à la peau. Vers midi, me trouvant fatigué, je m'arrêtai dans un mauvais cabaret, où je passai le reste du jour et toute la nuit. Je commençai à me repentir d'avoir abandonné la maison de mon frère. D'ailleurs, je fesois une si triste figure, qu'on me soupçonna d'être un domestique fugitif. Je m'en apperçus aux questions qu'on me fesoit, et je sentis que je courois risque d'être à tout moment arrêté comme tel. Cependant, le matin, je me remis en route, et le soir j'arrivai à huit ou dix milles de Burlington, dans une auberge dont le maître se nommoit le docteur Brown.

Tandis que je prenois quelques rafraîchissemens, cet homme entra en conversation avec moi, et s'appercevant que j'avois un peu de lecture, il me témoigna beaucoup d'intérêt et d'amitié. Nos liaisons ont duré tout le reste de sa vie. Je crois qu'il avoit été ce qu'on appelle un docteur ambulant ; car il n'y avoit point de ville en Angleterre, même dans toute l'Europe, qu'il ne connût d'une manière particulière. Il ne manquoit ni d'esprit, ni de littérature ; mais c'étoit un vrai mécréant. Quelques années après que je l'eus connu, il entreprit malignement de travestir la Bible en vers burlesques, comme Cotton a travesti Virgile. Par ce moyen, il présentoit plusieurs faits sous un point de vue très-ridicule ; ce qui auroit pu donner de l'ombrage aux esprits foibles, si l'ouvrage eût été publié ; mais il ne le fut point.

Je passai la nuit dans la maison de ce docteur. Le lendemain je me rendis à Burlington. En arrivant au port, j'eus le désagrément d'apprendre que les bateaux de passage venoient de mettre à la voile. C'étoit un samedi, et il ne devoit partir aucun autre bateau avant le mardi suivant. Je retournai en ville, chez une vieille femme qui m'avoit vendu du pain d'épice pour manger dans la traversée. Je lui demandai conseil. Elle m'invita à demeurer chez elle, jusqu'à ce que je trouvasse une occasion de m'embarquer. Fatigué comme je l'étois d'avoir fait tant de chemin à pied, j'acceptai sa proposition. Quand elle sut que j'étois imprimeur, elle voulut me persuader de rester à Burlington pour y exercer mon état. Mais elle ne se doutoit pas des capitaux qu'il m'auroit fallu pour tenter une pareille entreprise. Je fus traité par cette bonne femme avec une véritable hospitalité. Elle me donna un dîner composé de grillades de bœuf (1), et ne

(1) Beef-steak.

voulut accepter en retour qu'une pinte d'aile (1).

Je m'imaginois que je demeurois-là jusqu'au mardi suivant. Mais le soir, me promenant sur le bord de la riviere, je vis approcher un bateau, dans lequel il y avoit un grand nombre de personnes. Il alloit à Philadelphie ; et l'on consentit à m'y donner passage. Comme il ne fesoit point de vent, nous nous servîmes de nos avirons. Vers minuit, ne voyant point la ville, quelques personnes de la compagnie crurent que nous l'avions dépassée, et ne voulurent pas ramer davantage. Les autres ne savoient pas où nous étions. Enfin, l'on décida qu'il falloit s'arrêter. Nous nous approchâmes du rivage, entrâmes dans une crique, et débarquâmes près de quelques vieilles palissades, qui nous servirent à faire du feu, car nous étions dans une des froides nuits d'octobre.

Nous restâmes là jusqu'au point du jour. Alors une des personnes de la com-

(1) Espèce de bière.

pagnie reconnut la crique où nous étions pour celle de Cooper, située un peu au-dessus de Philadelphie; et dès que nous eûmes regagné le large, nous apperçûmes la ville. Nous y arrivâmes le dimanche vers les huit ou neuf heures du matin, et descendîmes sur le quai de Market-Street (1).

Je vous ai raconté tous les détails de mon voyage; et je décrirai de la même manière ma première entrée à Philadelphie, afin que vous puissiez comparer des commencemens si peu favorables, avec la figure que j'y ai faite depuis.

A mon arrivée à Philadelphie, j'étois dans mon costume d'ouvrier, mes meilleurs habits devant venir par mer. J'étois tout crotté. Mes poches étoient remplies de chemises et de bas. Je ne connoissois personne dans la ville, et ne savois pas même où je devois aller loger. Fatigué d'avoir marché, ramé et passé la nuit sans dormir, j'avois grand'faim, et ne possédois pour tout argent qu'une

(1) La rue du marché.

risdale hollandaise (1) et la valeur d'un schelling en monnoie de cuivre. Je donnai cette monnoie aux bateliers pour mon passage. Comme je les avois aidés à ramer, ils refusèrent d'abord de la prendre : mais j'insistai et la leur fis accepter. Un homme est quelquefois plus généreux quand il a peu d'argent que lorsqu'il en a beaucoup; et probablement c'est parce que, dans le premier cas, il cherche à cacher son indigence.

Je m'avançai vers le haut de la rue, en regardant attentivement de tous côtés, et quand je fus dans Market-Street, je rencontrai un enfant qui portoit un pain. J'avois souvent fait mon dîner avec du pain sec. Je priai l'enfant de me dire où il avoit acheté le sien, et je fus droit au boulanger qu'il m'indiqua Je voulois avoir des biscuits, parce que je croyois qu'il y en avoit de pareils à ceux de Boston ; mais on n'en fesoit point à Philadelphie. Je demandai alors un pain de trois sols. On n'en tenoit point

(1) Environ cinq livres tournois.

à ce prix. Voyant que j'ignorois la différence des prix et les sortes de pain du pays, je priai le boulanger de me donner pour trois sols de pain de quelqu'espèce qu'il fût. Il me donna alors trois grosses miches. Je fus surpris d'en avoir tant. Cependant je les pris ; et je me mis à marcher avec un pain sous chaque bras, et mangeant le troisième.

Je suivis de cette manière Market-Street, jusqu'à Fourth-Street (1), et je passai devant la maison de M. Read, père de la personne qui, depuis, devint ma femme. Elle étoit sur sa porte, m'observa et trouva, avec raison, que je fesois une très-singulière et très-grotesque figure.

Je tournai au coin de la rue, et tout en mangeant mon pain, je parcourus Chesnut-Street (2). Après avoir fait ce tour, je me retrouvai sur le quai de Market-Street, près du bateau qui m'avoit porté. J'y entrai pour boire de l'eau de la

(1) La quatrième rue.
(2) La rue du Châtaignier.

rivière ; et comme j'étois rassasié d'avoir mangé un pain, je donnai les deux autres à une femme et à son enfant, qui avoient descendu la rivière dans le même bateau que nous, et attendoient l'instant de continuer leur route.

Ainsi rafraîchi, je regagnai la rue. Elle étoit alors remplie de gens proprement vêtus, qui alloient tous du même côté. Je me joignis à eux, et je fus conduit dans la grande maison d'assemblée des quakers, près de la place du marché. Je m'assis avec les autres ; et après avoir regardé quelque temps autour de moi, n'entendant rien dire, et ayant besoin de dormir à cause du travail de la nuit précédente, je tombai dans un profond sommeil. Je restai ainsi jusqu'à ce que l'assemblée se dispersa. Alors un des quakers eut la complaisance de me réveiller. Leur maison fut donc la première dans laquelle je dormis à Philadelphie.

Je me remis à marcher dans la rue, pour gagner le côté de la rivière. Je

regardois attentivement tous ceux que je rencontrois. A la fin, j'apperçus un jeune quaker, dont la physionomie me plut. Je l'acostai, et le priai de me dire où un étranger pouvoit trouver un logement. Nous étions près de l'enseigne des *Trois matelots*. — « On reçoit-là les
» étrangers, dit-il; mais ce n'est pas une
» maison honnête. Si tu veux venir avec
» moi, je t'en montrerai une meilleure ».
Il me conduisit à la *Bûche crochue*, dans Water-Street.

Là je me fis donner à dîner. Pendant que je mangeois on me fit plusieurs questions. Ma jeunesse et ma mine fesoient soupçonner que j'étois un fugitif. Après dîner je me sentis encore assoupi ; et m'étant jeté sur un lit sans me déshabiller, je dormis jusqu'à six heures du soir, qu'on m'appela pour souper. Je me mis ensuite au lit de très-bonne heure, et ne me réveillai que le lendemain matin.

Aussitôt que je fus levé, je m'arrangeai le plus décemment qu'il me fût possible, et je me rendis chez l'imprimeur

André Bradford. Je trouvai, dans sa boutique, son père, que j'avois vu à New-York, et qui ayant voyagé à cheval, étoit arrivé à Philadelphie avant moi. Il me présenta à son fils, qui me reçut avec beaucoup de civilité et me donna à déjeûner : mais il me dit qu'il n'avoit pas besoin d'ouvrier, parce qu'il s'en étoit déjà procuré un. Il ajouta qu'il y avoit dans la ville un autre imprimeur nommé *Keimer*, qui pourroit peut-être m'employer ; et qu'en cas de refus, il m'invitoit à venir loger dans sa maison, où il me donneroit de temps en temps un peu d'ouvrage, jusqu'à ce qu'il se présentât quelque chose de mieux.

Le vieillard offrit de me conduire chez Keimer. Quand nous y fûmes : — « Voi-
» sin, lui dit-il, je vous amène un jeune
» imprimeur : peut-être avez-vous be-
» soin de ses services. »

Keimer me fit quelques questions, me mit un composteur dans la main, pour voir comment je travaillois ; et me dit ensuite qu'il n'avoit point d'ouvrage à me donner pour le moment, mais qu'il m'emploieroit bientôt. Prenant en même-temps le vieux Bradford pour un habitant de la ville, bien disposé en sa faveur, il lui fit part de ses projets et de ses espérances. Bradford eut soin de ne pas se faire connoître pour le père de l'autre imprimeur. Sur ce que Keimer disoit qu'il comptoit bientôt avoir l'imprimerie la plus occupée de Philadelphie, il sut, en lui fesant des questions adroites et en lui présentant des difficultés, l'amener à lui découvrir toutes ses vues, tous ses moyens, et de quelle manière il vouloit s'y prendre pour les faire réussir. J'étois présent et j'entendois tout. Je vis à l'instant que l'un étoit un vieux renard très-rusé, et l'autre un parfait novice. Bradford me laissa chez Keimer, qui fut étrangement surpris quand je lui dis le nom du vieillard.

Je trouvai que l'imprimerie de Keimer consistoit en une vieille presse endommagée et une petite fonte de caractères anglais usés, dont il se servoit alors lui-même, pour une élégie sur la mort d'Aquila Rose, dont j'ai parlé plus haut. Aquila Rose étoit un jeune homme plein d'esprit et d'un excellent caractère, très-estimé dans la ville, secrétaire de l'assemblée et poëte assez agréable. Keimer se mêloit aussi de faire des vers, mais ils étoient mauvais. On ne pouvoit pas même dire qu'il écrivît en vers; car sa méthode étoit de les composer avec ses caractères d'imprimerie, à mesure qu'ils couloient de sa verve. Or, comme il travailloit sans copie, qu'il n'avoit qu'une casse, et que l'élégie devoit probablement employer tous ses caractères, il étoit impossible de l'aider. J'essayai de mettre en ordre sa presse, dont il ne s'étoit point servi, et à laquelle il n'entendoit rien; et après lui avoir promis de venir tirer son élégie aussitôt qu'elle seroit prête, je retournai chez Bradford. Celui-ci m'occupa, pour le moment, à faire quelque bagatelle, et me donna la table et le logement.

Peu de jours après, Keimer m'envoya chercher

chercher pour tirer son élégie. Il s'étoit alors procuré d'autres caractères, et il avoit à réimprimer un pamphlet sur lequel il me mit à l'ouvrage.

Les deux imprimeurs de Philadelphie me parurent dénués de toutes les qualités nécessaires dans leur profession. Bradford n'avoit point appris son état, et étoit absolument illétré. Keimer, quoique moins ignorant, n'étoit qu'un simple compositeur, et n'entendoit rien au travail de la presse. Il avoit été un des convulsionnaires français, et savoit fort bien imiter leurs agitations surnaturelles. Au moment de notre connoissance, il ne suivoit aucune religion particulière, mais il professoit un peu de toutes, suivant les circonstances. Il ne connoissoit absolument point le monde; et il avoit l'ame d'un fripon, ainsi que j'ai eu, depuis, occasion de l'éprouver.

Keimer voyoit avec beaucoup de peine que, travaillant avec lui, je fusse logé chez Bradford. Il avoit bien une maison; mais elle n'étoit pas meublée, et conséquemment il ne pouvoit pas m'y recevoir.

Il me procura un logement chez le propriétaire de sa maison, ce M. Read, dont j'ai déjà parlé. Ma malle et mes effets étant alors arrivés, je songeai à paroître aux yeux de miss Read, avec un air de plus de conséquence, que lorsque le hasard m'avoit offert à sa vue mangeant mon pain et errant dans la ville.

Dès ce moment je commençai à faire la connoissance des jeunes gens qui aimoient la lecture, et je passois agréablement mes soirées avec eux, tandis que je gagnois de l'argent par mon industrie, et vivois très-content, grace à ma frugalité. Ainsi, j'oubliois Boston autant qu'il m'étoit possible, désirant que le lieu de ma résidence n'y fût connu de personne, excepté de mon ami Collins, à qui j'écrivois, et qui gardoit mon secret.

Cependant un incident me fit retourner dans ma ville natale beaucoup plutôt que je n'y comptois. J'avois un beau-frère, nommé *Robert Holmes*, qui commandoit une corvette et fesoit le commerce entre Boston et la Delaware. Se trouvant à Newcastle, à quarante milles au-dessous de Philadelphie, il entendit parler de moi. Aussitôt il m'écrivit pour m'informer du chagrin que mon prompt départ de Boston avoit occasionné à mes parens, et de l'affection qu'ils conservoient encore pour moi. Il m'assura que si je voulois m'en retourner, tout s'arrangeroit à ma satisfaction; et il m'y exhorta d'une manière très-pressante. Je lui répondis, le remerciai de son avis, et lui expliquai avec tant de force et de clarté les raisons qui m'avoient déterminé à m'éloigner de Boston, qu'il resta convaincu que j'étois bien moins répréhensible qu'il ne l'avoit imaginé.

Sir William Keith, gouverneur de Pensylvanie, étoit alors à Newcastle. Au moment où le capitaine Holmes reçut ma lettre il se trouvoit par hasard auprès de lui; et il profita de l'occasion pour la lui montrer et lui parler de moi. Le gouverneur lut la lettre, et parut étonné quand on lui apprit l'âge que j'avois. Il dit qu'il me regardoit comme un jeune homme dont les talens promettoient beaucoup, et qu'à ce titre je méritois d'être encouragé; que les imprimeurs de Philadelphie n'étoient que des ignorans; que si je m'y établissois il ne doutoit pas de mes succès; que pour sa part, il me feroit imprimer tout ce qui avoit rapport au gouvernement, et qu'il me rendroit tous les services qui dépendroient de lui.

Je ne sus alors rien de tout cela : mais mon beau-frère me le raconta dans la suite à Boston. Un jour que nous travaillions ensemble, Keimer et moi, auprès d'une fenêtre, nous apperçûmes le gouverneur avec le colonel Finch de Newcastle, tous deux très-bien parés, traversant la rue et venant droit à notre maison. Nous les entendîmes à la porte. Keimer croyant que c'étoit une visite pour lui, descendit à l'instant. Mais le gouverneur me demanda, monta; et avec une politesse et une affabilité, auxquelles je n'étois nullement accoutumé, il me fit beaucoup de complimens, et me témoigna le désir de faire connoissance avec moi. Il me reprocha obligeamment de ne m'être pas présenté chez lui à mon arrivée dans la ville; et m'invita à l'accompagner à la taverne, où il alloit avec le colonel Finch boire d'excellent vin de Madère.

Je fus, je le confesse, un peu surpris, et Keimer parut abasourdi. J'allai, cependant, avec le gouverneur et le colonel dans une taverne, au coin de Third-Street; et là, tout en buvant le Madère, sir William Keith me proposa d'établir une imprimerie. Il me présenta les probabilités du succès; et lui et le colonel Finch m'assurèrent que je pouvois compter sur leur protection et leur crédit, pour me procurer l'impression des papiers que publieroient les deux gouvernemens. Comme je paroissois craindre que mon père ne voulût pas m'aider à m'établir, sir William me dit qu'il lui écriroit pour moi une lettre dans laquelle il lui représenteroit les avantages de cette entreprise, sous un jour qui, sans doute, l'y détermineroit. Il fut donc décidé que je m'embarquerois dans le premier vaisseau qui partiroit pour Boston, et que j'emporterois une lettre de recommandation du gouverneur, pour mon père. En attendant, mon projet devoit être tenu secret, et je continuai à travailler chez Keimer, comme auparavant.

Le gouverneur m'envoyoit inviter de temps en temps, à dîner avec lui. Je regardois cela comme un très-grand honneur; et j'y étois d'autant plus sensible, qu'il s'entretenoit avec moi de la manière la plus affable, la plus familière et la plus amicale qu'il soit possible d'imaginer.

Vers la fin du mois d'avril 1724, un petit navire étant prêt à faire voile pour Boston, je pris congé de Keimer, sous prétexte d'aller voir mes parens. Le gouverneur me donna une longue lettre, dans laquelle il disoit à mon père beaucoup de choses flatteuses pour moi, et lui recommandoit fortement le projet de mon établissement à Philadelphie, comme une chose qui ne pouvoit manquer d'assurer ma fortune.

En descendant la Delaware, nous touchâmes sur un écueil et nous eûmes une voie d'eau. Le temps étoit très-orageux. Il fallut pomper continuellement. J'y travaillai comme les autres. Cependant, après une navigation de quinze jours, nous arrivâmes sains et saufs à Boston.

J'avois été absent sept mois entiers, pendant lesquels mes parens n'avoient reçu aucune nouvelle de moi ; car le capitaine Holmes, mon beau-frère, n'étoit point encore de retour, et n'avoit rien dit de moi dans ses lettres. Mon aspect inattendu surprit mes parens. Ils furent charmés de me revoir, et tous, à l'exception de mon frère, m'accueillirent très-bien. J'allai voir ce frère dans son imprimerie. J'étois mieux vêtu que du temps que je travaillois chez lui. J'avois un habit complet, neuf et très-propre, une montre dans mon gousset, et ma bourse garnie de près de cinq livres sterlings en argent. Mon frère ne me fit aucune politesse, et m'ayant considéré de la tête aux pieds, il se remit à son ouvrage.

Ses ouvriers me demandèrent avec empressement, où j'avois été, comment étoit le pays, et si je l'aimois. Je fis alors un grand éloge de Philadelphie, et de la vie agréable qu'on y menoit; et je dis que mon intention étoit d'y retourner. L'un d'entr'eux me demanda quelle sorte de monnoie on y avoit : je tirai aussitôt de ma poche une poignée de pièces d'argent, que j'étalai devant eux. C'étoit une chose curieuse et rare pour eux; car le papier étoit la monnoie courante de Boston. Je ne manquai pas ensuite de leur faire voir ma montre. Mais enfin, comme mon frère étoit toujours sombre et de mauvaise humeur, je donnai aux ouvriers un schelling pour boire, et me retirai.

Cette visite piqua singulièrement mon frère; car peu temps après, ma mère lui ayant parlé du désir qu'elle avoit de nous voir réconcilier et bien vivre ensemble, il lui répondit que je l'avois tellement insulté devant ses ouvriers, que jamais il ne l'oublieroit ni ne le pardonneroit : cependant, il se trompoit en cela.

La lettre du gouverneur parut causer quelqu'étonnement à mon père : mais il n'en dit pas grand'chose. Quelques jours après, voyant le capitaine Holmes de retour, il la lui montra, et lui demanda s'il connoissoit Keith, et quelle espèce d'homme c'étoit, ajoutant que selon lui, il falloit qu'il eût bien peu de discernement pour songer à mettre à la tête d'une entreprise un enfant qui avoit encore trois ans à courir pour être rangé dans la classe des hommes. Holmes dit tout ce qu'il put en faveur du projet : mais mon père soutint constamment qu'il étoit absurde, et refusa d'y concourir. Cependant, il écrivit une lettre polie à sir William. Il le remercia de la protection qu'il m'avoit si obligeamment offerte, et lui dit qu'il ne pouvoit, en ce moment, m'aider à établir une imprimerie, parce qu'il me croyoit trop jeune pour être chargé d'une entreprise si importante, et qui exigeoit des avances si considérables.

Mon ancien camarade, Collins, étoit alors commis à la poste. Charmé de la description que je lui fis du pays que j'habitois, il désira d'y aller; et tandis que j'attendois la résolution de mon père, il prit, par terre, la route de Rhode-Island, laissant ses livres, qui formoient une assez belle collection d'ouvrages de physique et de mathématiques, pour être envoyés avec les miens à New-York, où il se proposoit de m'attendre.

Quoique mon père n'approuvât pas la proposition de sir William, il étoit très-satisfait que j'eusse obtenu une recommandation aussi avantageuse, que celle d'un homme de ce rang; et que mon industrie et mon économie m'eussent mis à même, en très-peu de temps, de m'équiper aussi bien que je l'étois. Voyant qu'il n'y avoit pas d'apparence de pouvoir me racommoder avec mon frère, il consentit à mon retour à Philadelphie. En même-temps il me conseilla d'être poli envers tout le monde, de m'efforcer d'obtenir l'estime générale, et d'éviter la satire et le sarcasme, auxquels il me croyoit trop enclin. Il ajouta qu'avec de la persévérance et une prudente économie, je pouvois amasser de quoi m'établir lorsque je serois majeur (1), et que si alors il me manquoit une petite somme, il se chargeroit de me la fournir.

Ce fut là tout ce que j'en obtins, excepté quelques petits présens qu'il me donna en signe d'amitié de sa part et de celle de ma mère. Muni alors de leur approbation et de leur bénédiction, je m'embarquai encore une fois pour New-York. La corverte, où j'étois, ayant relâché à Newport, en Rhode-Island, j'allai voir mon frère John qui, depuis quelques années, s'y étoit établi et marié. Il avoit toujours eu de l'attachement pour moi, et il m'accueillit avec beaucoup d'affection. Un de ses amis, nommé *Vernon*, auquel il étoit dû, en Pensylvanie, environ trente-six livres sterlings, me pria de les rece-

(1) A l'âge de vingt-un ans.

voir et de les garder jusqu'à ce que j'eusse de ses nouvelles. En conséquence, il me donna un ordre. Cette affaire m'occasionna, par la suite, beaucoup d'inquiétude.

Nous prîmes, à Newport, un assez grand nombre de passagers, parmi lesquels étoient deux jeunes femmes, et une dame quakeresse, grave et sensée, accompagnée de ses domestiques. J'avois montré assez d'empressement à rendre quelques légers services à cette dame ; ce qui l'engagea probablement à prendre quelqu'intérêt à moi. Ayant remarqué qu'il s'étoit formé entre les deux jeunes femmes et moi, une familiarité, chaque jour croissante, elle me tira à part et me dit : — « Jeune homme, je suis en peine
» pour toi. Tu n'as point de parent qui
» veille sur ta conduite. Tu parois ne pas
» connoître le monde, et les piéges auxquels la jeunesse est exposée. Compte
» sur ce que je te dis. Ce sont-là deux
» femmes de mauvaise vie. Je le vois à
» toutes leurs actions. Si tu ne prends

» pas garde à toi, elles t'entraîneront
» dans quelque danger. Elles te sont
» étrangères. Je te conseille, par l'in-
» térêt amical que je prends à ta conser-
» vation, de ne former aucune liaison
» avec elles. »

Comme je ne parus pas d'abord penser aussi mal qu'elle sur leur compte, elle me rapporta beaucoup de choses, qu'elle avoit vues et entendues, et auxquelles je n'avois point fait attention, mais qui me convainquirent qu'elle avoit pleinement raison. Je la remerciai de son généreux avis, et lui promis de le suivre.

Quand nous arrivâmes à New-York, les deux jeunes femmes m'apprirent où elles logeoient, et m'invitèrent à aller les voir. Cependant je n'y allai point; et je fis très-bien; car le lendemain de notre arrivée, le capitaine s'appercevant qu'il lui manquoit une cuiller d'argent et quelques autres objets, qu'on avoit pris dans la chambre du navire, et sachant que ces femmes étoient des prostituées, obtint un ordre pour faire des recherches dans leur logement, y trouva ce qu'on lui avoit volé, et les fit punir. Ainsi après avoir été sauvé d'un rocher caché sous l'eau sur lequel notre vaisseau toucha dans la traversée, j'échappai à un autre écueil d'un genre bien plus dangereux.

Je trouvai mon ami Collins à New-York, où il étoit arrivé quelque temps avant moi. Nous étions intimement liés depuis notre enfance. Nous avions lu ensemble les mêmes livres : mais il pouvoit donner plus de temps que moi à la lecture et à l'étude, et il avoit une aptitude étonnante aux mathématiques, dans lesquelles il me laissa bien loin derrière lui.

Quand j'étois à Boston, j'avois coutume de passer avec lui presque tous mes momens de loisir. C'étoit alors un garçon très-rangé et très-industrieux. Ses connoissances lui avoient acquis l'estime générale, et il sembloit promettre de figurer un jour avec avantage dans le monde. Mais pendant mon absence, il s'étoit malheureusement adonné à l'usage de l'eau-de-vie ; et j'appris, par lui-même, et par d'autres personnes, que depuis son arrivée à New-York, il avoit été tous les jours ivre, et s'étoit conduit d'une manière extravagante. Il avoit aussi joué et perdu tout son argent. Ainsi je fus obligé de payer sa dépense à l'auberge, et de le défrayer durant le reste du voyage; ce qui devint une charge très-incommode pour moi.

Burnet, gouverneur de New-York, ayant entendu dire au capitaine de notre navire, qu'un jeune passager, qui étoit à son bord, avoit beaucoup de livres, le pria de me mener chez lui. J'y allai; mais je n'y conduisis pas Collins, parce qu'il étoit ivre. Le gouverneur me traita avec beaucoup de civilité; me montra sa bibliothèque, qui étoit très-considérable, et s'entretint quelque temps avec moi, sur les livres et sur les auteurs. C'étoit le second gouverneur qui m'eût honoré de son attention; et pour un pauvre garçon, comme je l'étois alors, ces petites aventures ne laissoient pas que d'être assez agréables.

Nous arrivâmes à Philadelphie. J'avois recouvré en route l'argent de Vernon, sans quoi nous aurions été hors d'état d'achever notre voyage.

Collins désiroit d'être placé dans le comptoir de quelque négociant. Mais son haleine ou sa mine trahissoient, sans doute, sa mauvaise habitude; car bien qu'il eût des lettres de recommandation, il ne put pas trouver de l'emploi, et il continua à loger et à manger avec moi, et à mes dépens. Sachant que j'avois l'argent de Vernon, il m'engageoit sans cesse à lui en prêter, me promettant de me le rendre aussitôt qu'il auroit de l'emploi. Enfin, il me tira une si grande partie de cet argent, que je fus vivement inquiet sur ce que je deviendrois s'il manquoit de le remplacer. Son goût pour les liqueurs fortes, ne diminuoit pas, et devint une source de querelles entre nous; parce que quand il avoit trop bu, il étoit extrêmement contrariant.

Nous trouvant un jour dans un canot sur la Delaware, avec quelques autres jeunes gens,

gens, il refusa de prendre l'aviron à son tour. — « Vous ramerez pour moi, nous dit-il, jusqu'à ce que nous soyons à terre ». — « Non, lui répondis-je, nous ne ramerons point pour vous ». — « Vous le ferez, répliqua-t-il, ou vous resterez toute la nuit sur l'eau ». — « Comme il vous plaira, dis-je ». — « Ramons, s'écrièrent les autres. Qu'importe qu'il nous aide ou non » ? — Mais j'étois déjà irrité de sa conduite à d'autres égards; et j'insistai pour qu'on ne ramât point.

Alors il jura qu'il me feroit ramer, ou qu'il me jeteroit hors du canot; et il se leva, en effet, pour venir vers moi. Aussitôt qu'il fut à ma portée, je le pris au collet, et le poussant violemment, je le jetai la tête la première dans la rivière. Je savois qu'il nageoit très-bien, et par conséquent je ne craignois point pour sa vie. Avant qu'il pût se retourner, nous eûmes le temps de donner quelques coups d'aviron, et de nous éloigner un peu de lui. Toutes les fois qu'il se rapprochoit du canot et le touchoit, nous lui demandions s'il vouloit ramer, et nous lui donnions, en même-temps, quelques coups d'aviron sur les mains, afin de lui faire lâcher prise. Prêt à suffoquer de colère, il refusoit obstinément de promettre qu'il rameroit. Cependant, nous étant apperçus qu'il commençoit à perdre ses forces, nous le mîmes dans le canot, et le soir nous le conduisîmes encore tout trempé jusqu'à la maison.

Après cette aventure, nous vécûmes, lui et moi, dans la plus grande froideur. Enfin, un capitaine qui naviguoit aux Antilles, et s'étoit chargé de procurer un instituteur aux enfans d'un planteur de la Barbade, fit la connoissance de Collins, et lui proposa cette place. Collins l'accepta, et prit congé de moi, en me promettant de me faire payer ce qu'il me devoit, avec le premier argent qu'il pourroit toucher : mais je n'ai plus entendu parler de lui.

La violation du dépôt, que m'avoit confié Vernon, fut une des premières grandes erreurs de ma vie. Elle prouve

que mon père ne s'étoit point trompé, quand il m'avoit cru trop jeune pour être chargé de conduire des affaires importantes. Cependant sir William, en lisant sa lettre, jugea qu'il étoit trop prudent. Il dit qu'il y avoit de la différence entre les individus; que la maturité de l'âge n'étoit pas toujours accompagnée de prudence; et que la jeunesse n'en restoit pas non plus toujours dépourvue. — « Puisque votre père, ajouta-
» t-il, refuse de vous établir, je veux
» le faire moi-même. Faites la liste des
» articles qu'il faut tirer d'Angleterre,
» et je les ferai venir. Vous me les
» paierez quand vous pourrez. J'ai résolu
» d'avoir ici un bon imprimeur, et je
» suis sûr que vous le serez. »

Le gouverneur me dit cela avec un si grand air de cordialité, que je ne doutai pas un instant de la sincérité de son offre. J'avois jusque-là gardé le secret, à Philadelphie, sur l'établissement dont sir William m'avoit inspiré le projet; et je continuai à n'en rien dire. Si l'on eût su que je comptois sur le gouverneur, peut-être quelqu'ami, connoissant mieux que moi son caractère, m'auroit averti de ne pas m'y fier ; car j'appris depuis qu'il passoit généralement pour un homme libéral en promesses, qu'il n'avoit point intention de tenir. Mais, ne lui ayant jamais rien demandé, pouvois-je soupçonner que ses offres étoient trompeuses? Je le croyois, au contraire, le plus franc, le meilleur de tous les hommes.

Je lui remis l'état de ce qu'il falloit pour une petite imprimerie, dont le prix se montoit, suivant mon calcul, à environ cent livres sterlings. Il l'approuva : mais il me demanda s'il ne seroit pas avantageux que j'allasse en Angleterre, pour choisir moi-même les caractères, et m'assurer que tous les articles fussent de la meilleure espèce. — « Vous pourriez
» aussi, me dit-il, y faire quelques con-
» noissances, et vous procurer des corres-
» pondans parmi les libraires et les mar-
» chands de papier. »

J'avouai que cela étoit à désirer.—

« Eh bien, reprit-il, tenez-vous prêt à
» partir dans l'*Annis* ». — C'étoit le seul
navire, qui fît alors annuellement le
voyage de Londres à Philadelphie, et
de Philadelphie à Londres : mais il ne
devoit mettre à la voile qu'au bout de
quelques mois. Je continuai donc à travailler chez Keimer, où j'étois dévoré
d'inquiétude à cause des sommes que
Collins avoit tirées de moi, et frémissois
à la seule idée de Vernon, qui, heureusement, ne me redemanda son argent que
quelques années après.

Dans le récit de mon premier voyage
de Boston à Philadelphie, j'ai omis, je
crois, une petite circonstance, qui, peut-être, ne sera point déplacée ici. Pendant un calme, qui nous arrêta au-delà
de Block-Island, l'équipage de notre corvette, se mit à pêcher de la morue, et en
prit une assez grande quantité. J'avois
été jusqu'alors constant dans ma résolution de ne manger rien de ce qui avoit
eu vie; et conformément aux maximes
de mon maître Tryon, je regardai, dans

cette occasion, la capture de chaque poisson, comme un meurtre injustement commis, puisqu'aucun d'eux n'avoit pu faire le moindre mal, qui méritât qu'on leur donnât la mort. Cette manière de raisonner étoit, selon moi, sans réplique.

Cependant j'avois autrefois beaucoup aimé le poisson; et quand je vis une morue frite, sortir de la poêle, l'odeur m'en parut délicieuse. J'hésitai quelque temps entre mes principes et mon inclination. Mais me rappelant, enfin, que quand on avoit ouvert la morue, on avoit tiré de son estomac plusieurs petits poissons, je dis aussitôt en moi-même : — Si vous vous mangez les uns les autres, je ne vois pas pourquoi nous ne vous mangerions point. En conséquence, je dînai de morue avec grand plaisir, et je continuai depuis, à manger comme les autres, retournant seulement par occasion au régime végétal. O qu'il est commode d'être un *animal raisonnable*, qui connoît ou invente un prétexte plausible pour tout ce qu'il a envie de faire!

Je continuai à bien vivre avec Keimer, qui ne se doutoit pas de mon projet d'établissement. Il conservoit en partie son premier enthousiasme. Il aimoit à argumenter, et nous disputions fréquemment ensemble. J'étois si accoutumé à me servir, avec lui, de ma méthode socratique, et je l'embarrassois si souvent par mes questions, qui paroissoient d'abord très-étrangères aux points que nous discutions, mais qui néanmoins l'y ramenoient par degrés, et le fesoient tomber dans des difficultés et des contradictions dont il ne pouvoit plus se tirer, qu'il en devint d'une circonspection ridicule. Il n'osoit plus répondre aux interrogations les plus simples, les plus familières, sans me dire auparavant : — « Que prétendez-» vous inférer de là » ? — Toutefois, il prit une si haute idée de mes talens, qu'il me proposa sérieusement de devenir son collègue dans l'établissement d'une nouvelle secte. Il devoit propager sa doctrine en prêchant, et moi je devois réfuter tous les opposans.

Quand il s'expliqua avec moi sur ses dogmes, j'y trouvai beaucoup d'absurdités, que je refusai d'admettre, à moins qu'il ne voulût à son tour adopter quelques-unes de mes opinions. Keimer portoit une longue barbe, parce que Moïse a dit quelque part : — « Tu ne gâteras » pas les coins de ta barbe ». — Il observoit aussi le jour du sabbat; et ces deux points lui paroissoient très-essentiels.

Ils me déplaisoient l'un et l'autre. Mais je consentis à y adhérer, si Keimer vouloit s'abstenir de manger d'aucune espèce d'animal. — « Je crains, dit-il, » que ma constitution ne puisse pas » y résister ». — Je l'assurai qu'au contraire, il s'en trouveroit beaucoup mieux. Il étoit naturellement gourmand, et je voulois m'amuser à l'affamer. Il se décida à faire l'essai de ce régime, pourvu que je voulusse m'y astreindre avec lui; et, en effet, nous l'observâmes pendant trois mois. Une femme du voisinage préparoit nos alimens et nous les apportoit.

Je lui donnai une liste de quarante plats, dans la composition desquels il n'entroit ni viande ni poisson. Cette fantaisie me devenoit d'autant plus agréable, qu'elle étoit à fort bon compte; car notre nourriture ne nous coûtoit pas à chacun, plus de dix-huit pences (1) par semaine.

Depuis cette époque, j'ai observé très-rigoureusement plusieurs carêmes, et je suis revenu tout d'un coup à mon régime ordinaire, sans en éprouver la moindre incommodité; ce qui me fait regarder comme inutile, l'avis qu'on donne communément, de s'accoutumer par degrés à ces changemens de nourriture.

Je continuois gaiement à vivre de végétaux : mais le pauvre Keimer souffroit terriblement. Ennuyé de notre régime, il soupiroit après les pots de viande d'Egypte. Enfin, il commanda qu'on lui fît rôtir un cochon de lait, et m'invita à dîner avec deux femmes de notre connoissance. Mais voyant que le cochon de lait étoit prêt un peu avant notre

(1) C'est-à-dire trente-six sols tournois.

arrivée, il ne put résister à la tentation, et il le mangea tout entier.

Dans le temps dont je viens de parler, je rendois des soins à miss Read. J'avois pour elle beaucoup d'estime et d'affection, et tout me donnoit lieu de croire qu'elle répondoit à ces sentimens. Nous étions jeunes l'un et l'autre, n'ayant guère plus de dix-huit ans ; et comme j'étois sur le point d'entreprendre un long voyage, sa mère jugea qu'il étoit prudent de ne pas nous engager trop avant pour le moment. Elle pensoit que si notre mariage devoit avoir lieu, il valoit mieux que ce fût à mon retour, lorsque je serois établi, comme j'y comptois : peut-être croyoit-elle aussi que mes espérances à cet égard n'étoient pas aussi bien fondées que je l'imaginois.

Mes amis les plus intimes étoient alors Charles Osborne, Joseph Watson et James Ralph, qui tous aimoient beaucoup la lecture. Les deux premiers étoient clercs de M. Brockden, l'un des principaux procureurs de Philadelphie ; l'autre étoit commis chez un négociant. Watson étoit un jeune homme honnête, sensé et très-pieux. Les autres étoient plus libres dans leurs principes religieux, sur-tout Ralph, dont j'avois moi-même contribué à ébranler la foi, ainsi que celle de Collins. L'un et l'autre m'en ont justement puni. Osborne avoit de l'esprit, et étoit sincère et ardent en amitié; mais il aimoit trop la critique en matière de littérature. Ralph étoit ingénieux, subtil, plein d'adresse, et extrêmement éloquent. Je ne crois pas avoir jamais vu un plus agréable parleur. Ils cultivoient les muses, ainsi qu'Osborne; et ils s'étoient déjà essayés tous deux, par quelques petites poésies.

Le dimanche, j'avois coutume de faire d'agréables promenades avec ces amis, dans les bois qui bordent le Skuylkil. Nous y lisions ensemble, et ensuite nous dissertions sur ce que nous avions lu. Ralph étoit disposé à se livrer tout entier à la poésie. Il se flattoit de devenir supérieur dans cet art, et de lui devoir un jour sa fortune. Il prétendoit que les plus grands poëtes, en commençant à écrire, avoient fait non moins de fautes que lui. Osborne cherchoit à le dissuader. Il l'assuroit qu'il n'avoit point un génie poétique, et lui conseilloit de s'attacher à la profession dans laquelle il avoit été élevé.

« Dans la carrière du commerce, lui
» dit-il, vous parviendrez, quoique vous
» n'ayiez point de capitaux, à vous pro-
» curer de l'emploi comme facteur, et
» vous pourrez, avec le temps, acquérir
» les moyens de vous établir pour votre
» compte ». — J'approuvois l'opinion d'Osborne : mais je prétendois aussi qu'il nous étoit permis de nous amuser quelquefois à faire des vers, afin de perfectionner notre style. En conséquence, il fut décidé qu'à notre prochaine entrevue, chacun de nous apporteroit une petite pièce de poésie de sa composition. Notre objet, dans ce concours, étoit de nous perfectionner mutuellement par nos remarques, nos c   nos corrections ; et comme   vue que le style e'   s inter-

dîmes toute invention, en convenant que nous prendrions pour tâche une version du dix-huitième pseaume, dans lequel est décrite la descente de la divinité.

Le terme de notre rendez-vous approchoit, lorsque Ralph vint me voir, et me dit que sa pièce étoit prête. Je lui avouai que j'avois été paresseux, et que me sentant fort peu de goût pour ce travail, je n'avois rien fait. Il me montra sa pièce et me demanda ce que j'en pensois. J'en fis un très-grand éloge, parce qu'elle me parut réellement le mériter. Alors il me dit : — « Osborne n'avouera qu'aucun
» de mes ouvrages soit de quelque prix.
» L'envie seule lui dicte mille critiques.
» Il n'est point jaloux de vous. Ainsi, je
» vous prie de prendre ces vers, et de les
» présenter comme si vous les aviez faits.
» Je déclarerai que je n'ai eu le temps
» de rien composer. Nous verrons alors
» ce qu'il dira de cette pièce ». — Je consentis à ce que désiroit Ralph, et je me mis aussitôt à copier ses vers, afin d'éviter tout soupçon.

Nous nous rassemblâmes. L'ouvrage de Watson fut lu le premier. Il renfermoit quelques beautés et de nombreux défauts. Nous lûmes ensuite la pièce d'Osborne, et nous la trouvâmes bien supérieure. Ralph lui rendit justice. Il y remarqua quelques fautes, et applaudit les endroits qui étoient excellens. Il n'avoit lui-même rien à montrer. C'étoit mon tour. Je fis d'abord quelques difficultés, je feignis de désirer qu'on m'excusât; je prétendis que je n'avois pas eu le temps de faire des corrections. Mais aucune excuse ne fut admise; il fallut produire la pièce. Elle fut lue et relue. Waston et Osborne lui cédèrent aussitôt la palme, et se réunirent pour l'applaudir. Ralph seul fit quelques critiques et proposa quelques changemens : mais je défendis la pièce. Osborne se joignit à moi, et dit que Ralph ne s'entendoit pas plus à critiquer des vers qu'à en faire.

Quand Osborne fut seul avec moi, il s'exprima d'une manière encore plus énergique en faveur de ce qu'il croyoit mon ouvrage. Il m'assura qu'il s'étoit d'abord un peu contraint, de peur que je ne prisse ses éloges pour de la flatterie. —« Mais, qui auroit pu croire, ajouta-t-il, que Franklin eût été capable de composer de pareils vers? Quel pinceau! quelle énergie! quel feu! Il a surpassé l'original. Dans la conversation ordinaire il semble n'avoir point un choix de mots. Il hésite, il est embarrassé; et, cependant, bon dieu! comme il écrit! »

A l'entrevue, qui suivit celle-ci, Ralph découvrit le tour que nous avions joué à Osborne; et ce dernier fut raillé sans pitié.

Cette aventure confirma Ralph dans la résolution où il étoit de devenir poëte. Je n'épargnai rien pour l'en détourner: mais il y persévéra, jusqu'à ce qu'enfin la lecture de Pope (1) le guérit. Il écrivoit, cependant, assez bien en prose. Par la

(1) Probablement la *Dunciade*, où Pope a immortalisé Ralph de cette manière :

Quand Ralph hurle à Cynthie, et rend la nuit affeuse,
Vous, Loups, faites silence; Hiboux, répondez lui!

suite, je m'entretiendrai encore de lui : mais comme il est vraisemblable que je n'aurai plus occasion de parler des deux autres, je dois observer ici que, peu d'années après, Watson mourut dans mes bras. Il fut extrêmement regretté ; car c'étoit le meilleur d'entre nous. Osborne passa aux Antilles, où il se fit une grande réputation comme avocat, et gagna beaucoup d'argent : mais il mourut jeune. Nous nous étions sérieusement promis, Osborne et moi, que celui qui mourroit le premier de nous deux, reviendroit, s'il étoit possible, faire une visite amicale à l'autre, pour lui dire ce qui se passe dans l'autre monde : mais il n'a jamais tenu sa promesse.

Il sembloit que ma société plût beaucoup au gouverneur : aussi m'invitoit-il souvent chez lui. Il parloit toujours de l'intention de m'établir, comme d'une chose décidée. Il devoit me donner non-seulement des lettres de recommandation pour un grand nombre de ses amis, mais encore une lettre de crédit pour me
procurer

procurer l'argent nécessaire à l'achat d'une presse, des caractères et du papier. Il me donna plusieurs rendez-vous pour aller prendre ces lettres, qui, disoit-il, chaque fois, devoient certainement être prêtes : mais quand j'arrivois, il me remettoit sans cesse à un autre jour.

Ces délais successifs se prolongèrent jusqu'à ce que le navire, dont le départ avoit été plusieurs fois différé, fût enfin prêt à mettre à la voile. Alors je me présentai de nouveau chez sir William, pour recevoir les lettres promises et prendre congé de lui. Je ne pus voir que le docteur Bard, son secrétaire, qui me dit que le gouverneur étoit extrêmement occupé à écrire ; mais qu'il se rendroit à Newcastle avant le navire, et qu'il m'y donneroit ses lettres.

Quoique Ralph fût marié et eût un enfant, il se décida à m'accompagner dans mon voyage. Son but supposé étoit de se procurer des correspondans en Angleterre, afin d'avoir des marchandises à vendre par commission. Mais j'appris ensuite que mécontent des parens de sa femme, il se proposoit de la laisser chez eux, et de ne jamais retourner en Amérique.

Après que j'eus pris congé de mes amis, et que miss Read et moi nous fûmes mutuellement promis de rester fidèles, je quittai Philadelphie. Le navire mouilla à Newcastle. Le gouverneur y étoit déjà arrivé. Je me rendis à son logement. Son secrétaire m'accueillit avec beaucoup de politesse, et me dit que sir William ne pouvoit me voir pour le moment, parce qu'il avoit des affaires de la plus grande importance, mais qu'il m'enverroit ses lettres à bord, et qu'il me souhaitoit de tout son cœur, un bon voyage et un prompt retour. Un peu surpris de ce discours, mais n'ayant cependant encore aucun soupçon, j'allai rejoindre l'*Annis*.

M. Hamilton, célèbre avocat de Philadelphie, passoit dans ce navire avec son fils; et conjointement avec un quaker nommé *M. Denham*, et MM. Oniam et Russel, propriétaires d'une forge dans le Maryland, il avoit arrêté la chambre ; en sorte que nous fûmes obligés, Ralph et moi, de nous loger avec l'équipage. Inconnus l'un et l'autre à toutes les personnes du vaisseau, nous étions regardés comme des gens du commun. Mais M. Hamilton et son fils, qui fut depuis le gouverneur James Hamilton, nous quittèrent à Newcastle ; le père étant rappelé, à très-grands frais, à Philadelphie, pour plaider une cause concernant un vaisseau qui avoit été saisi.

Précisément au moment, où nous allions lever l'ancre, le colonel Finch vint à bord et me fit beaucoup d'honnêtetés. Dès-lors, les passagers eurent un peu plus d'attention pour moi. Ils m'invitèrent à occuper dans la chambre, avec mon ami Ralph, la place que MM. Hamilton venoient de laisser vacante ; ce que nous acceptâmes avec joie.

Ayant appris que les dépêches du gouverneur avoient été portées à bord par le colonel Finch, je demandai au capitaine celles dont je devois être chargé. Il me répondit qu'elles avoient été toutes mises dans le sac, et qu'il ne pouvoit l'ouvrir pour le moment ; mais qu'avant d'aborder les côtes d'Angleterre, il me donneroit l'occasion de les retirer. Je fus content de cette réponse, et nous poursuivîmes notre voyage.

Les personnes logées dans la chambre étoient toutes très-sociables; et nous fûmes parfaitement bien pour les provisions; parce que nous profitâmes de toutes celles de M. Hamilton, qui en avoit embarqué une grande quantité. Durant la traversée, M. Denham se lia avec moi d'une amitié qui n'a fini qu'avec sa vie. A tout autre égard, le voyage ne fut pas fort agréable, car nous eûmes beaucoup de mauvais temps.

Quand nous entrâmes dans la Tamise, le capitaine fut exact à me tenir sa parole. Il me permit de chercher dans le sac, les lettres du gouverneur. Je n'en trouvai pas une seule sur laquelle mon nom fût écrit, comme devant être confiée à mes soins : mais j'en choisis six ou sept, que je jugeai, par les adresses, être celles qui m'étoient destinées. Il y en avoit entr'autres une pour M. Basket, imprimeur du roi, et une autre pour un marchand de papier, qui fut la première personne chez qui j'allai.

Je lui remis la lettre comme venant du gouverneur Keith. — « Je ne le con-
» nois pas, me dit-il ». — Puis, ouvrant la lettre, il s'écria : — « Oh ! elle est de
» Riddlesden ! J'ai découvert depuis peu
» que c'est un coquin fieffé ; et je n'ai
» envie ni d'avoir affaire avec lui, ni
» de recevoir de ses missives ». — En même-temps, il mit la lettre dans mes mains, tourna les talons, et se mit à servir quelques chalands.

Je fus très-surpris de voir que ces lettres n'étoient point du gouverneur. Réfléchissant alors sur ses délais, et m'en rappelant toutes les circonstances, je commençai à douter de sa sincérité. J'allai trouver mon ami Denham et lui racontai toute l'affaire. Il me mit tout de suite

au fait du caractère de Keith, me dit qu'il n'étoit nullement probable qu'il eût écrit une seule lettre en ma faveur; et que tous ceux qui le connoissoient, n'avoient aucune confiance en lui. Le bon quaker ne put s'empêcher de rire de ce que j'avois été assez crédule pour croire que le gouverneur me procureroit du crédit, lorsqu'il n'avoit aucun crédit pour lui-même. Comme je lui montrai quelqu'inquiétude sur le parti que j'avois à prendre, il me conseilla de chercher à travailler chez un imprimeur. — « Là, me dit-il,
» vous pourrez vous perfectionner dans
» votre profession, et vous vous mettrez
» à même de vous établir plus avan-
» tageusement quand vous retournerez
» en Amérique. »

Nous savions déjà, aussi bien que le marchand de papier, que le procureur Riddlesden étoit un coquin. Il avoit presque ruiné le père de miss Read, en l'engageant à être sa caution. Nous apprîmes par sa lettre, que, de concert avec le gouverneur, il tramoit secrètement une intrigue pour nuire à M. Hamilton, sur le voyage duquel il avoit compté. Denham, qui étoit ami d'Hamilton, pensa qu'il falloit l'instruire de cette perfidie. Aussi, dès qu'il arriva en Angleterre, ce qui ne tarda pas, je me rendis chez lui, et autant par intérêt pour lui que par ressentiment contre le gouverneur, je lui donnai la lettre de Riddlesden. L'information qu'elle contenoit étoit très-importante pour lui; il m'en remercia beaucoup; et dès ce moment, il m'accorda son amitié qui, depuis, m'a été souvent très-utile.

Mais que faut-il penser d'un gouverneur, qui joue de si misérables tours, et trompe si grossièrement un pauvre jeune homme sans expérience? C'étoit sa coutume. Voulant plaire à tout le monde, et ayant peu à donner, il prodiguoit les promesses. D'ailleurs, sensible, judicieux, écrivant assez bien, il étoit bon gouverneur pour la colonie, mais non pour ses commettans, dont il dédaignoit fréquemment les instructions. Plusieurs de nos meilleures loix ont été établies sous son administration, et sont son ouvrage.

Nous étions, Ralph et moi, toujours inséparables. Nous prîmes ensemble un logement qui nous coûtoit trois schellings et demi par semaine; car nous ne pouvions pas y mettre davantage. Ralph trouva quelques parens à Londres : mais ils étoient pauvres et hors d'état de l'assister. Il me dit alors, pour la première fois, que son intention étoit de rester en Angleterre, et qu'il n'avoit jamais pensé à retourner à Philadelphie. Il étoit absolument sans argent; le peu qu'il avoit pu s'en procurer, ayant à peine suffi à payer son passage. Quant à moi, j'avois encore quinze pistoles. Ralph avoit de temps en temps recours à ma bourse, pendant qu'il cherchoit de l'emploi.

Se croyant d'abord beaucoup de talent pour l'état de comédien, il songea à monter sur le théâtre : mais Wilkes, à qui il s'adressa, lui conseilla franchement de renoncer à cette idée, parce qu'il lui étoit impossible de réussir. Il proposa ensuite à Roberts, libraire dans Pater-Noster-Row, d'écrire pour lui une feuille hebdomadaire dans le genre du *Spectateur :* mais les conditions qu'il y mit, ne convinrent point à Roberts. Enfin, il essaya de se procurer du travail comme copiste. Il parla aux gens de loi et aux marchands de papier des environs du Temple : ce fut en vain ; il ne trouva point de place vacante.

Pour moi, je fus tout de suite employé chez Palmer, qui étoit alors un fameux imprimeur dans l'enclos de Saint-Barthélemy, et chez lequel je restai près d'un an. Je m'appliquois assidument à mon ouvrage : mais je dépensois avec Ralph, presque tout ce que je gagnois. Quand les spectacles et les autres lieux d'amusement, que nous fréquentions ensemble, eurent mis fin à mes pistoles, nous fûmes réduits à vivre uniquement du travail de mes mains. Ralph sembloit avoir entièrement perdu de vue sa femme et son enfant. J'oubliai aussi, par degrés, mes engagemens avec miss Read, à laquelle je n'écrivis jamais qu'une lettre; encore étoit-ce pour lui apprendre que vraisemblablement je ne retournerois pas de sitôt à Philadelphie. Ce fut là une autre grande erreur de ma vie; et je désirerois de pouvoir la corriger, si j'étois à recommencer.

Je travaillois chez Palmer, à l'impression de la seconde édition de la *Religion naturelle, de Woolaston*. Quelques-uns des raisonnemens de cet ouvrage ne me parurent pas bien fondés; j'écrivis un petit traité de métaphysique pour les combattre. Mon pamphlet étoit intitulé: *Dissertation sur la Liberté et la Nécessité, le Plaisir et la Peine*. Je le dédiai à mon ami Ralph, l'imprimai et en tirai un petit nombre d'exemplaires. Dès-lors, Palmer me traita avec plus de considération, et me regarda comme un jeune homme de talent; mais il me fit des reproches sérieux sur les principes de mon pamphlet, qu'il regardoit comme abominables. La publication de ce petit ouvrage fut une autre erreur de ma vie.

Pendant que je logeois dans Little-Britain, je fis connoissance avec le libraire Wilcox, dont la boutique touchoit à ma porte. Les magasins de lecture n'étoient point encore en usage. Wilcox avoit une immense collection de livres de toute espèce. Nous convînmes que, moyennant un prix raisonnable, dont je ne me souviens plus, je pourrois prendre chez lui les livres qui me plairoient, et que je les lui rendrois après les avoir lus. Je regardai ce marché comme très-avantageux pour moi, et j'en profitai autant qu'il me fut possible.

Mon pamphlet tomba entre les mains d'un chirurgien, nommé *Lyons*, auteur d'un livre intitulé : l'*Infaillibilité du Jugement humain*; et ce fut l'occasion d'une liaison intime entre nous. Lyons me témoignoit beaucoup d'estime, et venoit souvent me voir, pour s'entretenir avec moi sur des sujets de métaphysique. Il me fit connoître le docteur Mandeville, auteur *de la Fable des Abeilles*, lequel avoit formé dans la taverne de Cheapside, un club dont il étoit l'ame. Ce docteur étoit un homme facétieux et très-amusant. Lyons me présenta aussi, dans le café Batson, au docteur Pemberton, qui me promit de me procurer l'occasion de voir sir Isaac Newton. Je le désirois beaucoup : mais le docteur Pemberton ne me tint point parole.

J'avois apporté d'Amérique quelques curiosités, dont la principale étoit une bourse, faite d'asbeste (1), qui n'éprouve aucune altération dans le feu. Sir Hans-Sloane en ayant entendu parler, vint me voir, et m'invita à aller chez lui, dans Bloomsbury-Square. Après m'avoir montré tout ce que son cabinet renfermoit de curieux, il m'engagea à y joindre ma bourse d'asbeste, qu'il me paya honorablement.

Il logeoit dans notre maison une jeune marchande de modes, qui tenoit une boutique du côté de la Bourse. Vive,

(1) L'asbeste est une pierre de la nature de l'amiante, et ses filets ne sont pas moins flexibles.

sensible, et ayant reçu une éducation au-dessus de son état, elle avoit une conversation très-agréable. Le soir, Ralph lui lisoit des comédies. Ils devinrent intimes. Elle changea de logement, et il la suivit. Ils vécurent quelque temps ensemble. Mais Ralph étoit sans emploi. Elle avoit un enfant; et les profits de sa boutique ne suffisoient pas pour les faire vivre tous les trois. Ralph résolut alors de quitter Londres et d'essayer de tenir une école de campagne. Il se croyoit très-propre à y réussir; car il avoit une belle écriture, et connoissoit très-bien l'arithmétique et la partie des comptes. Mais regardant cet emploi comme au-dessous de lui, et comptant qu'il feroit un jour une toute autre figure dans le monde, et qu'il auroit à rougir si l'on savoit qu'il eût exercé une profession si peu honorable, il changea de nom et me fit l'honneur de prendre le mien. Bientôt après, il m'écrivit pour m'apprendre qu'il s'étoit établi dans un petit village du Berkshire. Il recommanda à mes soins mistriss T.... la marchande de modes, et il me pria de lui répondre à l'adresse de M. Franklin, maître d'école à N....

Il continua de m'écrire fréquemment, m'envoyant de longs fragmens d'un poëme épique, qu'il composoit, et qu'il m'invitoit à critiquer et à corriger. Je fesois ce qu'il désiroit; mais non sans chercher à lui persuader de renoncer à ce travail. Young venoit précisément de publier une de ses satyres. J'en copiai une grande partie et l'envoyai à Ralph, parce que c'étoit un endroit, où l'auteur démontroit la folie de cultiver les muses, dans l'espoir de s'élever dans le monde par leur moyen. Tout cela fut en vain. Les feuilles du poëme continuèrent à m'arriver par chaque courrier.

Pendant ce temps-là, mistriss T... ayant perdu, à cause de Ralph, et ses amis et son commerce, étoit souvent dans le besoin. Elle avoit alors recours à moi; et pour la tirer d'embarras, je lui prêtois tout l'argent qui ne m'étoit pas nécessaire pour vivre. Je me sentis un peu trop de penchant pour elle. N'étant retenu, dans ce temps-là, par aucun frein religieux, et abusant de l'avantage que sembloit me donner sa situation, j'osai, et ce fut une autre erreur de ma vie, j'osai essayer de prendre avec elle des libertés, qu'elle repoussa avec une juste indignation. Elle informa Ralph de ma conduite ; et cette affaire occasionna une rupture entre lui et moi.

Quand il revint à Londres, il me donna à entendre qu'il regardoit toutes les obligations qu'il m'avoit, comme anéanties par ce procédé ; d'où je conclus que je ne devois jamais espérer le remboursement de l'argent que j'avois avancé pour lui, ou prêté à lui-même. J'en fus d'autant moins affligé qu'il étoit entièrement hors d'état de me payer, et qu'en perdant son amitié, je me trouvois en même-temps délivré d'un très-pesant fardeau.

Je songeai alors à mettre quelqu'argent en réserve. L'imprimerie de Watts, près de Lincoln's-Inn-Fields, étant plus considérable que celle où je travaillois, je crus qu'il me seroit plus avantageux d'y entrer. Je m'y présentai ; on m'y reçut ; et ce fut-là que je demeurai pendant tout le reste de mon séjour à Londres.

A mon entrée dans cette imprimerie, je commençai à travailler à la presse, parce que je crus avoir besoin de l'exercice corporel, auquel j'avois été accoutumé en Amérique, où les ouvriers travaillent alternativement comme compositeurs et comme pressiers.

Je ne buvois que de l'eau. Les autres ouvriers, au nombre d'environ cinquante, étoient grands buveurs de bière. Je portois souvent, en montant et en descendant les escaliers, une grande forme de caractères dans chaque main, tandis que les autres avoient besoin des deux mains pour porter une seule forme. Aussi étoient-ils étonnés de voir, et par cet exemple et par beaucoup d'autres, que l'*Américain aquatique*, comme ils m'appeloient, étoit plus fort que ceux qui

qui buvoient du porter (1). Le garçon du marchand de bière avoit assez d'occupation toute la journée à servir cette seule maison. Mon camarade de presse buvoit tous les matins, avant le déjeûner, une pinte de bière, une pinte en déjeûnant avec du pain et du fromage, une entre le déjeûner et le dîner, une à dîner, une vers les six heures du soir, et encore une lorsqu'il avoit fini son ouvrage. Cette habitude me sembloit très-mauvaise : mais mon camarade disoit que sans cette quantité de bière, il n'auroit pas assez de force pour travailler.

J'essayai de le convaincre que la force corporelle, que donnoit la bière, ne pouvoit être qu'en proportion de la quantité solide de l'orge, dissoute dans l'eau, dont la bière étoit composée. Je lui dis qu'il y avoit plus de farine dans un pain d'un sol, et que conséquemment s'il mangeoit ce pain et buvoit une pinte d'eau, il en retireroit plus de force que d'une pinte de bière.

(1) De la bière forte.

Cependant, ce raisonnement ne l'empêcha pas de boire sa quantité de bière accoutumée, et de payer chaque samedi au soir, quatre ou cinq schellings d'écot pour cette maudite boisson ; dépense, dont j'étois entièrement exempt. C'est ainsi que ces pauvres diables restent volontairement toute leur vie dans la pénurie et dans le malheur.

Au bout de quelques semaines, Watts ayant besoin de m'employer à la composition, je quittai la presse. Les compositeurs me demandèrent la bienvenue. Mais je considérai cela comme une injustice, attendu que je l'avois déjà payée en bas. Le maître fut de mon avis, et m'engagea à ne rien donner. Je restai donc deux ou trois semaines, sans fraterniser avec personne. On me regardoit comme un excommunié ; et quand je m'absentois, il n'y avoit point de tour qu'on ne me jouât. Je trouvois à mon retour, mes caractères mêlés, mes pages transposées, mes matières rompues, etc. ; et tout cela étoit attribué au lutin qui fréquentoit la chapelle (1), et tourmentoit, me disoit-on, ceux qui n'étoient pas régulièrement admis. Enfin, malgré la protection du maître, je fus obligé de payer de nouveau, convaincu qu'il y avoit de la folie à ne pas être en bonne intelligence avec ceux, au milieu desquels j'étois destiné à vivre.

Après cela je fus parfaitement d'accord avec mes compagnons de travail, et j'acquis bientôt, parmi eux, une grande influence. Je leur proposai quelques changemens dans les loix de la chapelle, et ils les acceptèrent sans difficulté. Mon exemple détermina plusieurs de mes camarades à quitter la détestable habitude de déjeûner avec du pain, du fromage et de la bière. Ils firent, ainsi que moi, venir d'une maison voisine, un bon plat de gruau chaud, dans lequel il y avoit un petit morceau de beurre, avec du pain grillé et de la

---

(1) La chapelle est le nom que les ouvriers donnent à l'imprimerie. Les imprimeurs anglais appellent le lutin *Ralph*, nom que portoit cet ami dont Franklin a parlé plus haut.

muscade. C'étoit un bien meilleur déjeûner, qui coûtoit tout au plus la valeur d'une pinte de bière, c'est-à-dire, trois demi-sols; et qui, en même-temps, fesoit qu'on avoit des idées bien plus claires.

Ceux qui continuoient à se gorger de bière, perdoient souvent leur crédit chez le cabaretier, faute de payer leur compte. Ils s'adressoient alors à moi, pour que je leur servisse de caution ; leur *lumière*, disoient-ils, *étoit éteinte*. Je me tenois chaque samedi au soir, auprès de la table, où l'on payoit l'ouvrage de la semaine, et je prenois les petites sommes dont j'avois répondu. Elles s'élevoient quelquefois à près de trente schellings.

Cet avantage, joint à la réputation d'être assez goguenard, me donnoit de l'importance dans la chapelle. J'avois, en outre, acquis l'estime du maître, en m'appliquant beaucoup à l'ouvrage, et n'observant jamais le Saint-Lundi. La célérité extraordinaire avec laquelle je composois, fesoit qu'on me donnoit toujours les ouvrages les plus pressés, qui sont ordinairement les mieux payés. Ainsi je passois mon temps d'une manière très-agreable.

Le logement que j'occupois dans Little-Britain, étant trop éloigné de l'imprimerie, je le quittai pour en prendre un autre dans Duke-Street, vis-à-vis de l'église catholique. Il étoit sur le derrière d'un magasin italien. La maison étoit tenue par une veuve, qui avoit une fille, une servante et un garçon de boutique: mais ce dernier ne couchoit point dans la maison.

Après avoir fait prendre des informations sur mon compte dans Little-Britain, la veuve voulut bien me recevoir au même prix que mes premiers hôtes, c'est-à-dire, à trois schellings et demi par semaine. Elle se contentoit de si peu, disoit-elle, parce qu'il n'y avoit que des femmes dans sa maison, et qu'elles seroient plus en sûreté lorsqu'un homme y logeroit.

Cette femme, déjà avancée en âge, étoit née d'un ministre protestant, qui l'avoit élevée dans sa religion. Mais son mari, dont elle respectoit singulièrement la mémoire, l'avoit convertie à la foi catholique. Elle avoit vécu dans la société intime de diverses personnes de distinction, et en savoit un grand nombre d'anecdotes, qui remontoient jusqu'au règne de Charles second. Étant sujette à des attaques de goutte, qui l'obligeoient de garder souvent la chambre, elle aimoit à recevoir quelquefois compagnie. La sienne étoit si amusante pour moi, que j'étois charmé de passer ma soirée auprès d'elle toutes les fois qu'elle le désiroit. Notre souper n'étoit composé que d'une moitié d'anchois pour chacun, sur un morceau de pain avec du beurre, avec une pinte d'aile pour nous tous. Mais la conversation de la veuve assaisonnoit délicieusement ce repas.

Comme je rentrois de bonne heure, et que je n'occasionnois presque aucun embarras dans la maison, la veuve avoit de la répugnance à notre séparation; et quand je parlai d'un autre logement que j'avois trouvé plus près de l'imprimerie et à deux schellings par semaine, ce qui s'accordoit avec l'intention où j'étois de faire des épargnes, elle m'engagea à y renoncer, et me fit en même-temps une diminution de deux schellings. Ainsi je continuai à loger chez elle à un schelling et demi par semaine, pendant le reste du temps que je fus à Londres.

Dans un grenier de la maison vivoit de la manière la plus retirée une demoiselle âgée de soixante-dix ans. Voici ce que mon hôtesse m'en apprit. Elle étoit catholique romaine. Dans sa jeunesse, elle avoit été envoyée dans le continent, et étoit entrée dans un couvent pour se faire religieuse. Mais le climat ne convenant point à sa santé, elle fut obligée de repasser en Angleterre, où, quoiqu'il n'y eût pas de couvens, elle fit vœu de mener une vie monastique, de la manière la plus rigide que les circonstances le lui permettroient. En conséquence, elle disposa de tous ses biens pour être employés en œuvres de charité, ne se réservant

qu'une rente annuelle d'onze livres sterlings, dont elle donnoit encore une partie aux pauvres. Elle ne mangeoit que du gruau bouilli dans de l'eau, et ne fesoit jamais de feu que pour faire cuire cette nourriture. Il y avoit déjà plusieurs années qu'elle vivoit dans ce grenier, où les principaux locataires catholiques, qui avoient successivement tenu la maison, l'avoient toujours logée gratuitement, regardant son séjour chez eux comme une faveur céleste. Un prêtre venoit la confesser tous les jours. — « Je lui ai demandé, me dit
» mon hôtesse, comment elle peut, vi-
» vant comme elle le fait, trouver tant
» d'occupation pour un confesseur ; et
» elle m'a répondu qu'il est impossible
» d'éviter les mauvaises pensées. »

J'obtins une fois la permission de lui rendre visite. Je la trouvai polie, gaie et d'une conversation agréable. Son appartement étoit propre : mais tous les meubles consistoient en un matelas, une table sur laquelle il y avoit un crucifix et un livre, et une chaise qu'elle me donna pour m'asseoir. Sur la cheminée étoit un tableau de sainte Véronique, déployant son mouchoir, où l'on voyoit l'empreinte miraculeuse de la figure du Christ; ce qu'elle m'expliqua avec beaucoup de gravité. Son visage étoit pâle ; mais elle n'avoit jamais été malade ; et je puis la citer comme une autre preuve du peu qu'il faut pour maintenir la vie et la santé.

A l'imprimerie, je me liai d'amitié avec un jeune homme d'esprit, nommé *Wygate*, qui, étant né de parens riches, avoit reçu une meilleure éducation que la plupart des autres imprimeurs. Il étoit assez bon latiniste, parloit facilement français, et aimoit beaucoup la lecture. Je lui appris à nager, ainsi qu'à un de ses amis, en me baignant seulement deux fois avec eux. Ils n'eurent plus ensuite besoin de leçons. Un jour nous fîmes la partie d'aller par eau à Chelsea, pour voir le collége et les curiosités de don Saltero. Au retour, cédant aux sollicitations du reste de la compagnie, dont Wygate avoit excité la curiosité, je me déshabillai et m'élançai dans la Tamise. Je nageai depuis Chelsea jusqu'au pont des Blackfriards (1), et je fis dans ce trajet plusieurs tours d'adresse et d'agilité, soit à la surface de l'eau, soit en plongeant. Cela causa beaucoup d'étonnement et de plaisir à ceux qui le voyoient pour la première fois. Dès mes plus jeunes ans j'avois beaucoup aimé cet exercice. Je connoissois et pouvois exécuter toutes les évolutions et les positions de Thevenot; et j'en avois inventé quelques autres, dans lesquelles je m'efforçois de réunir la grace et l'utilité. Je ne négligeai pas de les montrer toutes dans cette occasion, et je fus extrêmement flatté de l'admiration qu'elles excitèrent.

Indépendamment du désir qu'avoit Wygate de se perfectionner dans l'art de la natation, il m'étoit très-attaché, parce qu'il y avoit une grande conformité dans nos goûts et dans nos études. Il me proposa de faire avec lui le tour de l'Europe, en nous défrayant, en même-temps,

(1) Des moines noirs.

par le travail dans notre profession. J'étois sur le point d'y consentir; et j'en fis part au quaker Denham, mon ami, avec lequel je me fesois un plaisir de passer une heure, lorsque j'en avois le loisir. M. Denham m'engagea à renoncer à ce projet, et me conseilla de songer à retourner à Philadelphie, ce qu'il se proposoit de faire bientôt lui-même. Il faut que je rapporte ici un trait du caractère de ce digne homme.

Il avoit fait autrefois le commerce à Bristol. Obligé de manquer, il composa avec ses créanciers et partit pour l'Amérique, où à force de travail et d'application, il acquit bientôt une fortune considérable. Il repassa alors en Angleterre, dans le vaisseau où j'étois embarqué, ainsi que je l'ai rapporté plus haut. Là, il invita tous ses créanciers à une fête. Quand ils furent rassemblés, il les remercia de la facilité avec laquelle ils avoient consenti à un accommodement favorable pour lui ; et tandis qu'ils ne s'attendoient à rien de plus qu'à un simple repas, chacun trouva sous son assiette, au moment où il la retourna, un mandat sur un banquier, pour le reste de sa créance et des intérêts.

M. Denham me dit que son dessein étoit d'emporter à Philadelphie une grande quantité de marchandises, afin d'y ouvrir un magasin; et il m'offrit de me prendre avec lui, en qualité de commis, pour avoir soin de son magasin, copier ses lettres, et tenir ses livres, ce qu'il se chargeroit de m'apprendre. Il ajouta qu'aussitôt que je serois au fait du commerce, il m'avanceroit, en m'envoyant, avec une cargaison de bled et de farine, aux îles de l'Amérique, et en me procurant d'autres commissions lucratives; de sorte qu'avec de la conduite et de l'économie, je pourrois, avec le temps, entreprendre des affaires avantageuses pour mon compte.

Ces propositions me plurent. Londres commençoit à m'ennuyer. Les momens agréables que j'avois passés à Philadelphie, se retracèrent à ma mémoire, et je désirai de les voir renaître. En conséquence je m'engageai avec M. Denham à raison de cinquante livres sterlings par an. C'étoit à la vérité, moins que je ne gagnois comme compositeur d'imprimerie : mais aussi j'avois une plus belle perspective. Je quittai donc l'état d'imprimeur, et je crus que c'étoit pour toujours. Je me livrai entièrement à mes nouvelles occupations. Je passois mon temps, soit à accompagner M. Denham de magasin en magasin, pour acheter des marchandises, soit à les faire emballer et à presser les ouvriers. Cependant, lorsque tout fut à bord, j'eus quelques jours de loisir.

Durant cet intervalle, on vint me demander de la part d'un homme que je ne connoissois que de nom. C'étoit sir William Wyndham. Je me rendis chez lui. Il avoit entendu parler de la manière dont j'avois nagé entre Chelsea et Blackfriards; et on lui avoit dit que j'avois enseigné, en quelques heures, l'art de la natation, à Wygate et à un autre jeune homme. Ses deux fils étoient sur le point de voyager en Europe. Il désiroit qu'ils sussent nager avant leur départ; et il m'offrit une récompense assez considérable, si je voulois le leur apprendre.

Ils n'étoient pas encore à Londres, et le séjour que j'y devois faire moi-même étoit incertain; c'est pourquoi je ne pus accepter sa proposition. Mais je supposai, d'après cet incident, que si j'eusse voulu rester dans la capitale de l'Angleterre, et y ouvrir une école de natation, j'aurois pu gagner beaucoup d'argent. Cette idée me frappa même tellement, que si l'offre de sir William Wyndham m'eût été faite plutôt, j'aurois renoncé, pour quelque temps, au dessein de retourner en Amérique.

Quelques années après, nous avons eu, vous et moi, des affaires plus importantes à traiter, avec l'un des fils de sir William Wyndham, devenu comte d'Egremont. Mais n'anticipons pas sur les évènemens.

J'avois passé dix-huit mois à Londres, travaillant presque sans relâche de mon métier, et ne fesant d'autre dépense extraordinaire pour moi, que d'aller quelquefois à la comédie, et d'acheter quelques livres. Mais mon ami Ralph m'avoit tenu dans la pauvreté. Il me devoit environ vingt-sept livres sterlings, qui étoient autant de perdu, et qui, prises sur mes petites épargnes, me paroissoient une somme considérable. Malgré cela, j'avois de l'affection pour lui, parce qu'il possédoit beaucoup de qualités aimables. Enfin, quoique je n'eusse rien fait pour ma fortune, j'avois augmenté la somme de mes connoissances, soit par le grand nombre d'excellens livres que j'avois lus, soit par la conversation des savans et des gens de lettres, avec lesquels je m'étois lié.

Nous fîmes voile de Gravesende le 23 juillet 1726. Je ne vous dirai rien ici des incidens de mon voyage. Vous les trouverez dans mon journal, où toutes les circonstances en sont particulièrement détaillées. Nous arrivâmes à Philadelphie le 11 octobre suivant.

Keith avoit perdu son emploi de gouverneur de Pensylvanie, et étoit employé par le major Gordon. Je le trouvai dans la rue, où il se promenoit en simple particulier. Il fut un peu honteux de me voir, et passa sans me rien dire.

J'aurois été moi-même aussi honteux en voyant miss Read, si sa famille, désespérant avec raison de mon retour, d'après la lecture de ma lettre, ne lui eût conseillé de renoncer à moi et d'épouser un potier nommé *Rogers*, à quoi elle consentit. Mais ce Rogers ne la rendit point heureuse, et bientôt elle se sépara de lui, renonçant même à porter son nom, parce qu'on prétendoit qu'il avoit une autre femme. Son habileté dans sa profession avoit séduit les parens de miss Read : mais il étoit aussi mauvais sujet qu'excellent ouvrier. Il contracta beaucoup de dettes, et en 1727 ou 1728, il s'enfuit aux Antilles, où il mourut.

Pendant mon absence, Keimer avoit pris une maison plus considérable, où il tenoit un magasin bien fourni de papier et de divers autres articles. Il s'étoit

procuré

procuré quelques caractères neufs et un certain nombre d'ouvriers, qui, tous, étoient pourtant très-médiocres. Il paroissoit ne pas manquer d'ouvrage.

M. Denham loua un magasin dans Water-Street (1), où nous étalâmes nos marchandises. Je m'appliquai au travail; j'étudiai la partie des comptes, et en peu de temps, je devins habile commerçant. Je logeois et mangeois chez M. Denham. Il m'étoit sincèrement attaché, et me traitoit comme s'il eût été mon père. De mon côté, je le respectois et l'aimois. Ma situation étoit heureuse : mais ce bonheur ne fut pas de longue durée.

Au commencement du mois de février 1727, époque où j'entrois dans ma vingt-deuxième année, nous tombâmes malades, M. Denham et moi. Je fus attaqué d'une pleurésie, qui faillit à m'emporter. Je souffrois beaucoup; je crus que c'en étoit fait de moi, et lorsqu'ensuite je commençai à me rétablir, j'éprouvai une

(1) C'est la rue la plus près du port, et la plus commerçante de Philadelphie. (*Note du Traducteur.*)

autre sorte de peine ; j'étois fâché d'avoir encore à éprouver, tôt ou tard, une scène aussi désagréable.

J'avois oublié la maladie de M. Denham. Elle dura long-temps, et enfin il y succomba. Il me laissa, par son testament, un petit legs, comme un témoignage de son amitié ; et je me trouvai encore une fois abandonné à moi-même dans ce vaste monde, car l'exécuteur testamentaire s'étant mis à la tête du magasin, je fus congédié.

Mon beau-frère Holmes, qui se trouvoit alors à Philadelphie, me conseilla de reprendre mon premier état. Keimer m'offrit des appointemens considérables, si je voulois me charger de conduire son imprimerie, parce qu'il vouloit lui-même ne s'occuper que de son magasin. Sa femme et les parens, qu'il avoit à Londres, m'avoient donné une mauvaise idée de son caractère, et je répugnois à me lier d'affaires avec lui. Je cherchai à me placer chez quelque marchand, en qualité de commis ; mais ne pouvant y réussir tout de suite, j'accédai aux propositions de Keimer.

Voici quels étoient alors ceux qui travailloient dans son imprimerie :

Hugh Meredith, pensylvanien, âgé d'environ trente-cinq ans. Il avoit passé sa jeunesse à cultiver la terre. Il étoit honnête, sensé, avoit quelqu'expérience et aimoit beaucoup la lecture : mais il s'adonnoit trop à la boisson.

Stephen Potts, jeune campagnard sortant de l'école, étant aussi accoutumé aux travaux de l'agriculture, mais doué de qualités qui n'étoient pas communes, et de beaucoup d'intelligence et de gaîté. Il étoit pourtant un peu paresseux. Keimer avoit arrêté ces deux ouvriers à très-bas prix : mais il avoit promis de les augmenter tous les trois mois, d'un schelling par semaine, pourvu qu'ils le méritassent par leurs progrès dans l'art typographique. Cette augmentation de gages étoit l'appât dont il s'étoit servi pour les séduire.

John Savage, irlandois, qui n'avoit

appris aucune espèce de métier, et dont Keimer s'étoit procuré le service pour quatre ans, en l'achetant d'un capitaine de navire. Il devoit être pressier.

Un étudiant d'Oxford, nommé *George Webb*, que Keimer avoit aussi acheté pour quatre ans, et qu'il destinoit à être compositeur. Je ne tarderai pas à parler encore de lui.

Enfin, David Harry, jeune homme de la campagne, entré chez Keimer comme apprenti.

Je m'apperçus bientôt que Keimer ne m'avoit engagé à un prix fort au-dessus de celui qu'il avoit coutume de donner, que pour que je formasse tous ces ouvriers ignorans, qui ne lui coûtant presque rien, et étant tous liés avec lui par des contrats, pourroient, aussitôt qu'ils seroient suffisamment instruits, le mettre en état de se passer de moi. Malgré cela, je fus fidèle à notre accord. L'imprimerie étoit dans la plus grande confusion : je la mis en ordre ; et j'amenai insensiblement les ouvriers à être attentifs à leur travail et à l'exécuter d'une assez bonne manière.

Il étoit assez singulier de voir un étudiant d'Oxford, vendu pour le paiement de son passage. Il n'avoit pas plus de dix-huit ans, et voici les particularités qu'il me raconta. Né à Glocester, il avoit été élevé dans une pension, et s'étoit distingué parmi ses camarades, par la manière supérieure dont il jouoit, lorsqu'on leur fesoit représenter des pièces de théâtre. Il étoit membre d'un club littéraire, et plusieurs pièces de vers, et plusieurs morceaux de prose de sa composition, avoient été insérés dans les journaux de Glocester. De là, il fut envoyé à Oxford, où il demeura environ un an. Mais il n'y étoit pas content. Ce qu'il désiroit le plus, c'étoit de voir Londres, et de devenir comédien. Enfin, ayant reçu quinze guinées pour payer le quartier de sa pension, il quitta le collège, cacha sa robe d'écolier dans une haie et se rendit dans la capitale. Là, n'ayant point d'ami qui pût le diriger, il fit de mauvaises connoissances, dépensa bientôt ses quinze guinées, ne trouva aucun moyen de se faire présenter aux comédiens, devint méprisable, mit ses hardes en gage et manqua de pain.

Un jour qu'il marchoit dans la rue, ayant faim et ne sachant que faire, on lui mit dans la main un billet d'enrôleur, par lequel on offroit un repas soudain et une prime à ceux qui voudroient aller servir en Amérique. Aussitôt il se rendit au lieu indiqué dans le billet, s'engagea, fut mis à bord d'un vaisseau, et conduit à Philadelphie, sans avoir jamais écrit une ligne à ses parens, pour les informer de ce qu'il étoit devenu. La vivacité de son esprit et son bon naturel, en fesoient un excellent compagnon : mais il étoit indolent, étourdi et excessivement imprudent.

L'irlandais John déserta bientôt. Je commençai à vivre très-agréablement avec les autres. Ils me respectoient d'autant plus qu'ils voyoient que Keimer étoit incapable de les instruire, et qu'avec moi ils apprenoient tous les jours quelque chose. Nous ne travaillions jamais le samedi, parce que c'étoit le sabbat de Keimer : ainsi nous avions chaque semaine deux jours à consacrer à la lecture.

Je fis de nouvelles connoissances dans la ville parmi les personnes qui avoient de l'instruction. Keimer me traitoit avec beaucoup de politesse et avec une apparente estime; et rien ne me causoit de l'inquiétude, sinon la créance de Vernon, que j'étois encore hors d'état de payer, mes épargnes ayant été jusqu'alors très-peu de chose.

Notre imprimerie manquoit souvent de caractères, et il n'y avoit point en Amérique d'ouvrier qui sût en fondre. J'avois vu pratiquer cet art dans la maison de James à Londres, sans y faire beaucoup d'attention. Cependant, je trouvai le moyen de fabriquer un moule. Les lettres que nous avions me servirent de poinçons; je jetai mes nouveaux caractères en plomb dans des matrices d'argile, et je pourvus ainsi assez passablement à nos besoins les plus pressans.

Je gravois aussi, dans l'occasion, divers ornemens ; je fesois de l'encre ; je donnois un coup-d'œil au magasin ; en un mot, j'étois le *factotum* de la maison. Mais quelqu'utile que je me rendisse, je m'appercevois chaque jour qu'à mesure que les autres ouvriers se perfectionnoient, mes services devenoient moins importans. Lorsque Keimer me paya le second quartier de mes gages, il me donna à entendre qu'il les trouvoit trop considérables, et qu'il croyoit que je devois lui faire une diminution. Il devint, par degrés, moins poli et affecta davantage le ton de maître. Il trouvoit souvent à reprendre ; il étoit difficile à contenter ; et il sembloit toujours sur le point d'en venir à une querelle pour se brouiller avec moi.

Malgré cela, je continuai à le supporter patiemment. J'imaginois que sa mauvaise humeur étoit en partie causée par le dérangement et l'embarras de ses affaires. Enfin, un léger incident occasionna notre rupture. Entendant du bruit dans le voisinage, je mis la tête à la fenêtre pour voir ce que c'étoit. Keimer étoit dans la rue ; il me vit, et d'un ton haut et courroucé, il me cria de faire attention à mon ouvrage. Il ajouta quelques mots de reproche, qui me piquèrent d'autant plus qu'ils étoient prononcés dans la rue, et que les voisins, que le même bruit avoit attirés à leurs fenêtres, étoient témoins de la manière dont on me traitoit.

Keimer monta sur-le-champ à l'imprimerie, et continua à déclamer contre moi. La querelle s'échauffa bientôt des deux côtés ; et Keimer me signifia qu'il falloit que je le quittasse dans trois mois, comme nous l'avions stipulé, regrettant d'être obligé de me garder encore si long-temps. Je lui dis que ses regrets étoient superflus, parce que je consentois à le quitter sur-le-champ. Je pris, en effet, mon chapeau, et je sortis de sa maison, priant Meredith de prendre soin de quelques objets que je laissois, et de les apporter chez moi.

Meredith vint le soir. Nous parlâmes quelque temps du mauvais procédé que je venois d'essuyer. Il avoit conçu une grande estime pour moi, et il étoit affligé de me voir quitter la maison tandis qu'il y restoit. Il m'engagea à renoncer au projet que je formois, de retourner dans ma patrie. Il me rappela que Keimer devoit plus qu'il ne possédoit ; que ses créanciers commençoient à être inquiets ; qu'il tenoit son magasin d'une manière pitoyable, vendant souvent les marchandises au prix d'achat pour avoir de l'argent comptant, et fesant continuellement crédit sans tenir aucun livre de comptes ; que conséquemment il feroit bientôt faillite ; et que cela occasionneroit un vide dont je pourrois profiter.

J'objectai mon manque d'argent. Sur quoi il me dit que son père avoit une très-haute opinion de moi, et que d'après une conversation, qui avoit eu lieu entr'eux, il étoit sûr qu'il nous avanceroit tout ce qui seroit nécessaire pour nous établir, si je consentois à entrer en société avec lui. — « Le temps, que
» je dois rester chez Keimer, ajouta-t-il,

» expirera au printems prochain. En
» attendant, nous pouvons faire venir de
» Londres une presse et des caractères. Je
» sais que je ne suis pas ouvrier : mais
» si vous acceptez ma proposition, votre
» habileté dans le métier sera balancée
» par les fonds que je fournirai, et nous
» partagerons également les profits. »

Ce qu'il désiroit étoit raisonnable, et nous fûmes bientôt d'accord. Son père, qui se trouvoit en ville, approuva notre arrangement. Il n'ignoroit pas que j'avois de l'ascendant sur son fils, puisque j'avois réussi à lui persuader de s'abstenir, pendant long-temps, de boire de l'eau-de-vie, et il espéroit que quand je serois plus étroitement lié avec lui, je parviendrois à le faire renoncer entièrement à cette malheureuse habitude.

Je fournis une liste des objets qu'il étoit nécessaire de faire venir de Londres. Il la remit à un négociant, et l'ordre fut aussitôt donné. Nous convînmes que nous garderions le secret jusqu'à l'arrivée de nos caractères et de notre presse, et qu'en attendant, je ferois en sorte de travailler dans une autre imprimerie. Mais il n'y avoit point de place vacante, et je restai oisif.

Au bout de quelques jours Keimer eut l'espoir d'obtenir l'impression de quelque papier-monnoie, pour la province de New-Jersey, impression qui exigeoit des caractères et des gravures que je pouvois seul fournir. Craignant alors que Bradford ne m'engageât et ne lui enlevât cette entreprise, il m'envoya un message très-poli, par lequel il disoit que d'anciens amis ne devoient point rester brouillés pour quelques paroles, qui n'étoient que l'effet d'un moment de colère, et qu'il m'engageoit à retourner chez lui. Meredith me conseilla de me rendre à cette invitation, parce qu'alors il pourroit profiter de mes instructions et se perfectionner dans son état. Je me laissai persuader; et nous vécûmes avec Keimer en meilleure intelligence qu'avant notre séparation.

Keimer eut l'ouvrage de New-Jersey.

Pour l'exécuter, je construisis une presse en taille-douce, la première de ce genre qu'on eût vue dans le pays. Je gravai divers ornemens et vignettes. Nous nous rendîmes ensuite à Burlington, où j'imprimai les billets à la satisfaction générale. Keimer reçut, pour cet ouvrage, une somme d'argent, qui le mit en état de tenir long-temps la tête au-dessus de l'eau.

A Burlington, je fis connoissance avec les principaux personnages de la province. Plusieurs d'entr'eux étoient chargés, par l'assemblée, de veiller sur la presse, et d'empêcher qu'on n'imprimât plus de billets que la loi ne l'ordonnoit. En conséquence, ils devoient se tenir tour-à-tour auprès de nous; et celui qui étoit en fonction, amenoit un ou deux de ses amis pour lui tenir compagnie.

J'avois l'esprit plus cultivé par la lecture que Keimer. Aussi nos inspecteurs fesoient-ils plus de cas de ma conversation que de la sienne. Ils m'invitoient à aller chez eux, me présentoient à leurs amis, et me traitoient avec la plus grande honnêteté, tandis qu'ils négligeoient un peu mon maître Keimer. C'étoit, dans le fait, un assez étrange animal, ignorant les usages du monde, prompt à combattre grossièrement les opinions reçues, enthousiaste sur certains points de religion, d'une mal-propreté rebutante, et de plus, un peu fripon.

Nous restâmes près de trois mois dans le New-Jersey; et à compter de cette époque, je pus mettre sur la liste de mes amis, le juge Allen, Samuel Bustil, secrétaire de la province; Isaac Pearson, Joseph Cooper, plusieurs des Smith, tous membres de l'assemblée, et Isaac Deacon, inspecteur-général. Ce dernier étoit un vieillard spirituel et rusé. Il me raconta que dans son enfance il avoit commencé par charier de l'argile pour les briquetiers; qu'il étoit déjà assez âgé lorsqu'il avoit appris à lire et à écrire; qu'ensuite il fut employé à porter la chaîne pour un arpenteur, qui lui apprit son état, et qu'à force d'industrie, il avoit enfin acquis une fortune honnête.

« Je prévois, dit-il, un jour, en me
» parlant de Keimer, que vous ne tar-
» derez pas à vous mettre à la place de
» cet homme, et que vous ferez fortune
» à Philadelphie ». — Il ignoroit, cependant alors, si mon intention étoit de
m'établir là où ailleurs. — Les amis,
que je viens de nommer, me furent
très-utiles par la suite; et je rendis
moi-même des services à quelques-uns.
Nul d'entr'eux n'a cessé d'avoir de l'estime pour moi.

Avant de raconter les circonstances
de mon établissement, peut-être est-il
nécessaire de vous dire quels étoient
alors mes principes de morale, afin que
vous puissiez voir le degré d'influence
qu'ils ont eu depuis sur les évènemens
de ma vie.

Mes parens m'avoient donné de bonne
heure des impressions religieuses; et je
reçus, dès mon enfance, une éducation
pieuse, dans les principes du calvinisme.
Mais à peine fus-je parvenu à l'âge de
quinze ans, qu'après avoir eu des doutes

tantôt sur un point du dogme, tantôt sur l'autre, suivant que je les trouvois combattus dans les livres que je lisois, je commençai à douter de la révélation même.

Quelques livres contre le déïsme me tombèrent entre les mains. Ils contenoient, disoit-on, la substance des sermons prêchés dans le cabinet où Boyle fesoit ses expériences de physique. Il arriva qu'ils produisirent sur moi un effet précisément contraire à celui qu'on s'étoit proposé en les écrivant; car les argumens du déïsme, qu'on y citoit pour les combattre, me parurent beaucoup plus forts que leur réfutation. En un mot, je devins un vrai déïste.

Ma doctrine pervertit quelques jeunes gens, particulièrement Collins et Ralph. Mais quand je vins, dans la suite, à me rappeler qu'ils avoient, l'un et l'autre, très-mal agi envers moi, sans en avoir le moindre remords; quand je considérai le procédé de Keith, autre esprit fort, et ma propre conduite à l'égard de Vernon

et

et de miss Read, qui me donnoit de temps en temps, beaucoup d'inquiétude, j'entrevis que quelque vraie qu'elle pût être, cette doctrine n'étoit pas très-utile. Je commençai à avoir une idée moins favorable du pamphlet que j'avois composé à Londres, et auquel j'avois mis pour épigraphe ce passage du poëte Dryden :

Oui, tout est bien, malgré nos préjugés divers.
L'homme voit qu'une chaîne embrasse l'univers :
Mais de l'anneau qu'il touche, en vain son œil s'élance;
Il ne peut remonter jusques à la balance,
Où tout, avec sagesse, est pesé dans les cieux (1).

L'objet de ce pamphlet étoit de prouver que, d'après les attributs de Dieu, sa bonté, sa sagesse, sa puissance, rien ne pouvoit être mal dans le monde; que le vice et la vertu n'existoient pas réellement, et n'étoient que de vaines dis-

(1) Voici les vers anglais :

Whatever is, is right; though purblind man
Sees but a part of the chain, the nearest link,
His eyes not carrying to the equal beam
That poises all bove.

Tome I. K

tinctions. Je ne regardai plus cet écrit comme aussi irréprochable que je l'avois d'abord cru ; et je soupçonnai qu'il s'étoit glissé, dans mes argumens, quelqu'erreur qui s'étendoit à toutes les conséquences que j'en avois tirées, comme cela arrive souvent dans les raisonnemens métaphysiques. En un mot, je finis par être convaincu que la vérité, la probité, la sincérité, dans les relations sociales, étoient de la plus grande importance pour le bonheur de la vie. Je résolus, dès ce moment, de les pratiquer aussi long-temps que je vivrois, et je consignai cette résolution dans mon journal.

La religion révélée n'avoit, à la vérité, comme telle, aucune influence sur mon esprit. Mais je pensois que, quoique certaines actions pussent n'être pas mauvaises, par la seule raison qu'elle les défendoit, ou bonnes, parce qu'elle les prescrivoit, il étoit pourtant probable que tout bien considéré, ces actions étoient défendues, parce qu'elles étoient dangereuses pour nous, ou commandées parce qu'elles étoient avantageuses par leur nature. Grace à cette persuasion au secours de la divine providence, ou de quelqu'ange protecteur, et peut-être à un concours de circonstances favorables, je fus préservé de toute immoralité et de toute grande et *volontaire* injustice, dont mon manque de religion m'exposoit à me rendre coupable, dans ce temps dangereux de la jeunesse, et dans les situations hasardeuses où je me trouvai quelquefois, parmi les étrangers et loin des regards et des leçons de mon père.

Peu de temps après mon retour de Burlington, ce que nous avions demandé pour établir notre imprimerie, arriva de Londres. Je réglai mes comptes avec Keimer, et le quittai de son consentement, avant qu'il eût connoissance de mon projet. Nous trouvâmes, Meredith et moi, une maison à louer près du marché. Nous la prîmes. Cette maison, qui depuis a été louée soixante-dix livres sterlings par an, ne nous en coûtoit que vingt-quatre. Pour rendre ce loyer encore moins lourd pour nous, nous cédâmes une partie de la maison à Thomas Godfrey, vitrier, qui vint y demeurer avec sa famille, et chez qui nous nous mîmes en pension.

Nous avions à peine déballé nos caractères et mis notre presse en ordre, que George House, l'une de mes connoissances, m'amena un homme de la campagne, qu'il avoit rencontré dans la rue, cherchant un imprimeur. Nous avions déjà dépensé presque tout notre argent, parce que nous avions été obligés de nous procurer une grande quantité de choses. Le campagnard nous paya cinq schellings, et ce premier fruit de notre entreprise, venant si à propos, me fit plus de plaisir qu'aucune des sommes que je gagnai depuis; et le souvenir de la reconnoissance que George House m'inspira en cette occasion, m'a souvent plus disposé, que je ne l'aurois peut-être été, sans cela, à favoriser les jeunes commençans.

Il y a dans tous les pays, des esprits

chagrins, qui aiment à prophétiser le malheur. Un être de cette trempe vivoit alors à Philadelphie. C'étoit un homme riche, déjà avancé en âge, ayant un air de sagesse et une manière de parler sentencieuse. Il se nommoit *Samuel Mickle*. Je ne le connoissois point : mais il s'arrêta un jour à ma porte, et me demanda si j'étois le jeune homme qui avoit, depuis peu, ouvert une imprimerie. Sur ma réponse affirmative, il me dit qu'il en étoit fâché pour moi; que c'étoit une entreprise dispendieuse, et que l'argent que j'y avois employé seroit perdu, parce que Philadelphie tomboit en décadence, et que tous ses habitans, ou du moins presque tous, avoient déja été obligés de demander des termes à leurs créanciers. Il ajouta qu'il savoit, d'une manière certaine, que les choses qui pouvoient nous faire supposer le contraire, comme les nouvelles bâtisses, le haussement des loyers, n'étoient que des apparences trompeuses, qui, dans le fait contribuoient à hâter la ruine générale. Il me fit enfin, un si long détail des infortunes qui existoient déjà, et de celles qui devoient bientôt avoir lieu, qu'il me jeta dans une sorte de découragement.

Si j'avois connu cet homme avant de me mettre dans le commerce, je n'aurois sans doute jamais osé m'y hasarder. Cependant il continua à vivre dans cette ville en décadence, et à déclamer de la même manière, refusant pendant plusieurs années, d'acheter une maison, parce que, selon lui, tout alloit chaque jour plus mal; et à la fin, j'eus la satisfaction de lui en voir payer une cinq fois aussi cher qu'elle lui eût coûté, s'il l'avoit achetée quand il commença ses lamentations.

J'aurois dû rapporter que, pendant l'automne de l'année précédente, j'avois réuni la plupart des hommes instruits, que je connoissois, pour former un club, auquel nous donnâmes le nom de *Junto*, et dont l'objet étoit de perfectionner notre esprit. Nous nous assemblions les vendredis au soir. Les règlemens que je traçai, obligeoient chaque membre de proposer, à son tour, une ou plusieurs questions de morale, de politique ou de philosophie, pour être discutées par la société; et de lire, en outre, une fois tous les trois mois, un essai de sa composition sur un sujet à son choix.

Nos débats devoient avoir lieu sous la direction d'un président, et être dictés par l'amour de la vérité, sans que le plaisir de disputer, et la vanité de triompher, pussent y entrer pour rien. Afin de prévenir toute chaleur déplacée, nous établîmes que, toutes les fois qu'on se permettroit des expressions qui annonceroient trop d'entêtement pour une opinion, ou qu'on se livreroit à des contradictions directes, on payeroit une légère amende.

Les premiers membres de notre club furent : — Joseph Breintnal, notaire. C'étoit un homme dans la maturité de l'âge, doué d'un naturel heureux, très-attaché à ses amis, chérissant la poésie, lisant tout ce qui tomboit sous sa main, écrivant passablement, ingénieux dans beaucoup de petites choses, et d'une conversation agréable.

Thomas Godfrey, habile mathématicien, qui s'étoit formé sans maître, et qui fut ensuite l'inventeur de ce qu'on appelle *le Quart de Cercle d'Hadley*. Presque tout ce qu'il savoit se bornoit à la connoissance des mathématiques. Il étoit insupportable en société, parce qu'il exigeoit, ainsi que la plupart des géomètres que j'ai rencontrés, une précision inusitée dans tout ce qu'on disoit, et qu'il contrarioit sans cesse ou fesoit des distinctions futiles ; vrai moyen de faire manquer le but de toutes les conversations. Il nous quitta bientôt.

Nicolas Scull, arpenteur, qui devint par la suite arpenteur-général de la province. Il aimoit beaucoup les livres et fesoit des vers.

William Parsons, à qui on avoit fait apprendre le métier de cordonnier, mais qui, ayant du goût pour la lecture, acquit de profondes connoissances dans les mathématiques. Il les étudia d'abord dans l'intention d'apprendre l'astrologie, dont il étoit ensuite le premier à rire. Il devint aussi arpenteur-général.

William Mawgridge, menuisier, très-excellent mécanicien, et à tous égards, homme d'un esprit très-solide.

Hugh Meredith, Stephen Potts et George Webb, dont j'ai déjà parlé.

Robert Grace, jeune homme riche, généreux, vif et plein d'esprit. Il aimoit beaucoup l'épigramme, mais encore plus ses amis.

Enfin, William Coleman, commis chez un négociant, et à-peu-près du même âge que moi. Il avoit la tête la plus froide, l'esprit le plus clair, le meilleur cœur, et la morale la plus pure que j'aie presque jamais rencontrés dans aucun homme. Il devint par la suite négociant très-considéré, et l'un de nos juges provinciaux. Notre amitié dura, sans interruption, pendant plus de quarante ans, et ne finit qu'avec la vie de cet homme estimable. Le club continua d'exister presqu'aussi long-temps.

C'étoit la meilleure école de politique et de philosophie, qu'il y eût alors dans toute la province; car, comme nos questions étoient lues dans la semaine qui précédoit celle de leur discussion, nous avions soin de parcourir attentivement les livres qui y avoient quelque rapport, afin de nous mettre en état de parler plus pertinemment. Nous acquîmes aussi l'habitude d'une conversation plus agréable, chaque objet étant discuté conformément à nos règlemens, et de manière à prévenir tout ennui. C'est à cela qu'on doit attribuer la longue existence de notre club, dont j'aurai désormais de fréquentes occasions de parler.

J'en ai fait mention ici, parce que c'étoit un des moyens sur lesquels je pouvois compter pour le succès de mon commerce; chacun des membres fesant ses efforts pour nous procurer de l'ouvrage. Breintnal entr'autres, engagea les quakers à nous donner l'impression de quarante feuilles de leur histoire, dont le reste devoit être fait par Keimer. Nous n'exécutâmes pas cet ouvrage d'une manière supérieure, attendu qu'il étoit à très-bas prix. C'étoit un *in-folio*, sur du papier *pro-patria*, en caractère de cicéro, avec de longues notes du plus petit caractère. J'en composois une feuille par jour, et Meredith la mettoit sous presse.

Il étoit souvent onze heures du soir, quelquefois plus tard, avant que j'eusse achevé ma distribution pour le travail du lendemain; car les petits ouvrages, que nous envoyoient de temps en temps nos amis, ne laissoient pas que de nous détourner. J'avois cependant si bien résolu de composer chaque jour une feuille de l'histoire des quakers, qu'un soir, lorsque ma forme étoit imposée et que je croyois avoir achevé mon travail de la journée, un accident ayant rompu cette forme et dérangé deux pages entières, je les distribuai immédiatement, et les composai de nouveau, avant de me mettre au lit.

Cette infatigable assiduité, dont s'ap-

percevoient nos voisins, commença à nous donner de la réputation et du crédit. J'appris, entr'autres choses, que notre imprimerie étant devenue le sujet de la conversation, dans un club de marchands, qui s'assembloient tous les soirs, et l'opinion générale ayant été qu'elle tomberoit, parce qu'il y avoit déjà en ville deux imprimeurs, Keimer et Bradford, cette opinion avoit été combattue par le docteur Bard, que nous avons eu vous et moi, occasion de voir plusieurs années après, dans son pays natal, à St.-André en Écosse. — « L'activité de ce Franklin,
» dit-il, est supérieure à tout ce que j'ai
» vu en ce genre. Le soir, en me reti-
» rant du club, je le vois encore à l'ou-
» vrage, et le matin il s'y est remis avant
» que ses voisins soient levés. »

Ce discours frappa le reste de l'assemblée ; et bientôt après un de ses membres vint nous trouver, et nous offrit de nous fournir des articles de papeterie. Mais nous ne voulions pas encore nous charger de tenir une boutique.

Ce n'est point pour m'attirer des louanges que j'entre si librement dans les détails sur mon assiduité au travail; c'est pour que ceux de mes descendans, qui liront ces mémoires, connoissent le prix de cette vertu, en voyant dans le récit des évènemens de ma vie, de quel avantage elle m'a été.

George Webb ayant trouvé un ami, qui lui prêta l'argent nécessaire pour racheter son temps, de Keimer, vint un jour s'offrir à nous pour ouvrier. Nous ne pouvions pas l'occuper tout de suite : mais je lui dis imprudemment, en lui recommandant le secret, que je me proposois de publier avant peu une nouvelle feuille périodique, et qu'alors nous lui donnerions de l'ouvrage. Je lui fis part de mes espérances de succès. Elles étoient fondées sur ce que le seul papier que nous avions en ce temps-là à Philadelphie, et qui s'imprimoit chez Bradford, étoit pitoyable, mal dirigé, nullement amusant, et cependant donnoit du profit à son propriétaire. J'imaginois donc qu'un bon ouvrage de ce genre ne pourroit manquer de réussir. Webb dévoila mon secret à Keimer, qui, pour me prévenir, publia sur-le-champ le prospectus d'une feuille, qu'il se proposoit d'imprimer, et à laquelle il devoit employer Webb.

Je fus indigné de ce procédé, et comme je voulois contrecarrer Keimer et Webb, et que je ne pouvois pas encore commencer ma feuille périodique, j'écrivis dans celle de Bradford, quelques pièces amusantes sous le titre du *Tracassier*, (Busy-Body)(1) que Breintnal continua pendant quelques mois. Par ce moyen, j'attirai l'attention du public sur la feuille de Bradford; et le prospectus de Keimer, que nous tournâmes en ridicule, fut regardé avec mépris. Malgré cela, sa feuille fut commencée : mais l'ayant continuée neuf mois de suite, sans avoir plus de

(1) Une note manuscrite qui se trouve dans la collection du *Mercure Américain*, conservée dans la bibliothèque de Philadelphie, dit que Franklin écrivit les cinq premiers numéros de ce journal et une partie du huitième.

quatre-vingt-dix souscripteurs, il me proposa de me la céder pour une bagatelle. J'étois prêt, depuis quelque temps, à entreprendre une pareille affaire ; j'acceptai, sans balancer, l'offre de Keimer ; et en peu d'années la feuille imprimée pour mon compte, me donna beaucoup de profit.

Je m'apperçois que je suis porté à parler au singulier, quoique ma société avec Meredith continuât. C'est, peut-être, parce que, dans le fait, toute l'entreprise rouloit sur moi. Meredith n'étoit point compositeur, mais pressier médiocre, et rarement il s'abstenoit de trop boire. Mes amis étoient affligés de me voir lié avec lui : mais je fesois ensorte d'en tirer le meilleur parti possible.

Notre premier numéro ne produisit pas plus d'effet que les autres feuilles périodiques de la province, soit pour les caractères, soit pour l'impression : mais certaines remarques, écrites à ma manière, sur la querelle qui s'étoit élevée entre le gouverneur Burnet et l'assemblée de Massachusett, paroissant saillantes à quelques personnes, les firent parler de la feuille et de ceux qui la publioient, et, en peu de semaines, les engagèrent à devenir nos souscripteurs. Beaucoup d'autres suivirent leur exemple ; et le nombre de nos abonnés continua à s'accroître.

Ce fut un des premiers bons effets des peines que j'avois prises pour apprendre à former mon style. J'en retirai un autre avantage ; c'est qu'en lisant ma feuille, les principaux habitans de Philadelphie, virent dans l'auteur de ce papier un homme si bien en état de se servir de sa plume, et jugèrent qu'il convenoit de le soutenir et de l'encourager.

Les loix, les opinions des membres de l'assemblée et les autres pièces publiques s'imprimoient alors chez Bradford. Une adresse de la chambre au gouverneur de la province, sortit de ses presses, grossièrement exécutée et avec beaucoup d'incorrection. Nous la réimprimâmes d'une manière exacte et élégante, et nous en envoyâmes une copie à chaque membre.

membre. Ils apperçurent aussitôt la différence; et cela augmenta tellement l'influence de nos amis dans l'assemblée, que nous fûmes nommés ses imprimeurs pour l'année suivante.

Parmi ces amis, je ne dois pas oublier d'en nommer un, M. Hamilton, dont j'ai déjà parlé dans ces mémoires, et qui étoit revenu d'Angleterre. Il s'intéressa vivement pour moi dans cette occasion, ainsi que dans beaucoup d'autres qui suivirent; et il me conserva sa bienveillance jusqu'à sa mort.

À-peu-près dans le temps dont je viens de faire mention, M. Vernon me rappela ma dette envers lui, mais sans me presser pour le paiement. Je lui écrivis une lettre remplie de témoignages de reconnoissance, en le priant de m'accorder encore un petit délai, à quoi il consentit. Aussitôt que je le pus, je lui payai le capital et les intérêts, et lui renouvelai tous mes remerciemens; de sorte que cette première erreur de ma vie fut presque corrigée.

Mais il me survint alors un autre embarras, auquel je ne croyois pas devoir m'attendre. Le père de Meredith qui, suivant nos conventions, s'étoit chargé de payer en entier le fonds de notre imprimerie, n'avoit payé que cent livres sterlings. Il en étoit encore dû autant; et le marchand impatienté d'attendre, nous fit assigner. Nous fournîmes caution, mais avec la triste perspective que si l'argent n'étoit pas prêt au temps fixé, l'affaire seroit jugée; le jugement mis à exécution, nos belles espérances s'évanouiroient, et nous resterions entièrement ruinés, parce que notre presse et nos caractères seroient vendus, peut-être à moitié prix, pour payer la dette.

Dans cette détresse, deux vrais amis, dont le procédé généreux sera présent à ma mémoire, aussi long-temps que j'aurai la faculté de me souvenir de quelque chose, vinrent me trouver séparément, à l'insçu l'un de l'autre, et sans que j'eusse eu recours à eux. Chacun d'eux m'offrit de m'avancer tout l'argent qu'il me faudroit pour me charger seul de l'imprimerie, si cela étoit praticable; attendu qu'ils ne voyoient pas avec plaisir que je restasse en société avec Meredith, qu'on rencontroit, disoient-ils, souvent ivre dans les rues, et jouant dans les cabarets à bière, ce qui nuisoit beaucoup à notre crédit.

Ces amis étoient William Coleman et Robert Grace. Je leur répondis que tant qu'il resteroit la moindre probabilité que les Meredith rempliroient leurs engagemens, je ne consentirois pas à leur proposer de me séparer d'eux, attendu que je croyois leur avoir de grandes obligations, pour ce qu'ils avoient fait déjà, et pour ce qu'ils étoient encore disposés à faire, s'ils en avoient le pouvoir; mais que s'ils ne pouvoient pas enfin tenir leur promesse, et que notre société fût dissoute, je me croirois alors libre de profiter de la bienveillance de mes amis.

Les choses restèrent quelque temps en cet état. Un jour je dis à mon associé : — « Votre père est peut-être mécontent

» de ce que vous n'avez qu'une part
» dans l'imprimerie, et il répugne à faire
» pour deux ce qu'il feroit pour vous
» seul. Dites-moi franchement si cela est
» ainsi. Je vous céderai toute l'entreprise,
» et je chercherai, de mon côté, à faire
» comme je pourrai ». — « Non, répon-
» dit-il, mon père a réellement été
» trompé dans ses espérances. Il est hors
» d'état de payer, et je ne veux pas le
» mettre davantage dans l'embarras. Je
» sens que je ne suis nullement propre
» au métier d'imprimeur. J'ai été élevé
» au travail des champs; et ce fut une
» folie à moi de venir à la ville, et de
» me mettre, à l'âge de trente ans, en
» apprentissage d'un nouveau métier.
» Plusieurs de mes compatriotes vont
» s'établir dans la Caroline septentrio-
» nale, où le sol est excellent : je suis
» tenté d'aller avec eux, et de reprendre
» mon premier état. Vous trouverez,
» sans doute, des amis qui vous aideront.
» Si vous voulez vous charger des dettes
» de la société, rendre à mon père les cent

» livres sterlings qu'il a avancées, payer
» mes petites dettes particulières, et me
» donner trente livres sterlings et une
» selle neuve, je renoncerai à notre so-
» ciété et laisserai tout ce qui en dépend,
» entre vos mains. »

Je n'hésitai point à accepter cette proposition. Elle fut écrite, signée et scellée sans délai. Je donnai à Meredith ce qu'il demandoit, et bientôt après il partit pour la Caroline, d'où il m'écrivit l'année suivante deux longues lettres, contenant les meilleurs détails qui eussent été donnés sur cette province, relativement au climat, au sol et à l'agriculture; car il ne manquoit pas de connoissances à cet égard. Je publiai ses lettres dans ma feuille, et elles furent très-bien accueillies du public.

Aussitôt que Meredith fut parti, j'eus recours à mes deux amis; et ne voulant donner à aucun d'eux une préférence désobligeante pour l'autre, j'acceptai de chacun la moitié de ce qu'il m'avoit offert, et qui m'étoit en effet nécessaire.

Je payai les dettes de la société, et continuai le commerce pour mon propre compte. J'eus soin, en même-temps d'avertir le public que la société étoit dissoute. Ce fut, je crois, en l'année 1729, ou à-peu-près.

Vers cette époque, le peuple demanda une nouvelle émission de papier-monnoie. Tout celui qui avoit été créé jusqu'alors en Pensylvanie, ne s'élevoit qu'à quinze mille livres sterlings, et il devoit être bientôt éteint. Les habitans riches, prévenus contre tout papier de ce genre, parce qu'ils craignoient sa dépréciation, comme on en avoit eu l'exemple dans la province de la Nouvelle-Angleterre, au préjudice de tous les créanciers, s'opposoient fortement à ce qu'on en créât davantage.

Nous avions discuté cette affaire dans notre club, où je m'étois prononcé en faveur de la nouvelle émission. J'étois convaincu que la première petite somme, fabriquée en 1723, avoit fait beaucoup de bien dans la province, en favorisant

le commerce, l'industrie et la population ;
car depuis, toutes les maisons étoient habitées, et plusieurs autres s'élevoient;
tandis que je me souvenois que la première fois que j'avois rodé dans les rues
de Philadelphie, en mangeant mon pain,
la plupart des maisons de Walnut-Street,
Second-Street, Fourth-Street et même
plusieurs de celles de Chesnut-Street et
ailleurs, portoient des écriteaux qui annonçoient qu'elles étoient à louer ; ce
qui m'avoit fait penser que les habitans
de cette ville l'abandonnoient l'un après
l'autre.

Nos débats me mirent si bien au fait
de ce sujet, que j'écrivis et publiai un
pamphlet anonyme intitulé : *Recherches sur la nature et la nécessité d'un papier-monnoie*. — Il fut accueilli par les
gens de la classe inférieure : mais il déplut
aux riches, parce qu'il augmenta les clameurs en faveur de la nouvelle émission.
Cependant, comme il n'y avoit dans leur
parti aucun écrivain capable de répondre
à mon pamphlet, leur opposition devint

moins forte; et la majorité de l'assemblée étant pour le projet, il passa.

Les amis que j'avois acquis dans cette assemblée, persuadés qu'en cette occasion j'avois rendu un service essentiel au pays, crurent devoir me récompenser en me donnant l'impression des nouveaux billets. L'ouvrage étoit lucratif, et il vint très à propos pour moi. Ce fut un autre avantage que je dus à mon talent pour écrire.

Le temps et l'expérience démontrèrent si pleinement l'utilité du papier-monnoie, que par la suite, il n'éprouva jamais une grande contradiction; de sorte qu'il monta bientôt jusqu'à cinquante-cinq mille livres sterlings, et en l'année 1739, à quatre-vingt mille livres sterlings. Il s'est élevé, durant la dernière guerre, à trois cents cinquante mille livres sterlings, et pendant ce temps-là, le commerce, le nombre des maisons, la population se sont continuellement accrus. Mais je suis maintenant convaincu qu'il est des bornes au-delà desquelles le papier-monnoie peut être préjudiciable.

Bientôt j'obtins, à la recommandation de mon ami Hamilton, l'impression du papier-monnoie de Newcastle, autre ouvrage avantageux, d'après la manière dont je voyois alors; car de petites choses paroissent importantes aux personnes d'une médiocre fortune; et en effet, elles furent importantes pour moi, parce qu'elles devinrent de grands motifs d'encouragement. M. Hamilton me procura aussi l'impression des loix et des opinions du gouvernement de Newcastle; et je conservai ce travail tant que j'exerçai la profession d'imprimeur.

Sur ces entrefaites, j'ouvris une petite boutique de marchand de papier. J'y tenois des obligations en blanc et des accords de toute espèce, les plus corrects qui eussent encore paru en Amérique. Mon ami Breintnal m'avoit aidé à les dresser. Je vendois aussi du papier, du parchemin, du carton, des livres, et divers autres articles. Un excellent compositeur d'imprimerie nommé *Whitemash*, que j'avois connu à Londres, vint m'offrir ses services. Je l'engageai, et il travailla diligemment et constamment avec moi. Je pris aussi un apprenti, qui étoit le fils d'Aquila Rose.

Je commençai à payer peu-à-peu la dette que j'avois contractée; et afin d'établir mon crédit et ma réputation, comme commerçant, j'eus soin, non-seulement d'être laborieux et frugal, mais d'éviter toute apparence du contraire. J'étois vêtu simplement, et l'on ne me voyoit jamais dans aucun lieu d'amusement public. Je n'allois ni à la pêche ni à la chasse. Un livre, il est vrai, me détournoit par fois, de mon ouvrage; mais c'étoit rarement, à la dérobée et sans scandale. Pour montrer que je ne me regardois pas comme au-dessus de ma profession, je traînois quelquefois moi-même la brouette, où étoit le papier que j'avois acheté dans les magasins.

Ainsi, je parvins à me faire connoître pour un jeune homme laborieux et très-exact dans ses paiemens. Les marchands qui fesoient venir les articles de papeterie, sollicitoient ma pratique; d'autres m'offroient de me fournir des livres; et mon petit commerce prospéroit.

Pendant ce temps-là, le crédit et les affaires de Keimer diminuoient chaque jour. Il fut enfin forcé de vendre tout ce qu'il avoit pour satisfaire ses créanciers; et il passa à la Barbade, où il vécut quelque temps dans la misère.

David Harry, qui avoit été apprenti chez Keimer, pendant que j'y travaillois, et que j'avois instruit, acheta le fonds de l'imprimerie et succéda à son maître. Je craignis d'abord, d'avoir en lui un puissant concurrent, car il tenoit à une famille opulente et respectée. En conséquence, je lui proposai une association, qu'heureusement pour moi il rejeta avec dédain. Il étoit extrêmement vain, se croyoit un homme très-élégant, fesoit de la dépense, aimoit les plaisirs et se tenoit rarement chez lui. Bientôt, ne trouvant plus rien à faire dans le pays, il prit, comme Keimer, le chemin de la Barbade, où il emporta ses matériaux d'imprimerie; et là, l'apprenti employa, comme ouvrier, son ancien maître. Ils se querelloient continuellement. Harry s'endetta de nouveau, et fut obligé de vendre sa presse et ses caractères, et de retourner en Pensylvanie, pour reprendre son premier état d'agriculteur. Celui qui acheta son imprimerie, chargea Keimer de la diriger : mais ce dernier mourut peu d'années après.

Il ne me restoit, à Philadelphie, d'autre concurrent que Bradford, qui, étant riche, n'entreprenoit d'imprimer des livres que de temps en temps et lorsqu'il rencontroit des ouvriers. Il ne se soucioit nullement d'étendre son commerce. Cependant, il avoit un avantage sur moi : il tenoit le bureau de la poste ; et on s'imaginoit d'après cela, qu'il étoit mieux à même de se procurer des nouvelles. Sa gazette passoit pour être plus propre que la mienne, à avertir les acheteurs, et en conséquence, on y inséroit plus d'annonces. Cette source, d'un grand profit pour lui, étoit véritablement à mon détriment. En vain je me procurois les autres papiers-nouvelles, et j'envoyois le mien par la poste ; le public étoit persuadé de mon insuffisance à cet égard ; et je ne pouvois, en effet, y remédier qu'en gagnant les courriers, qui étoient obligés de me servir à la dérobée, parce que Bradford avoit la malhonnêteté de le leur défendre. Cette conduite excita mon ressentiment ; j'en eus même tant d'horreur que, lorsqu'ensuite je succédai à Bradford, dans la place de directeur de la poste, je me gardai bien d'imiter son exemple.

J'avois jusqu'alors continué à manger avec Godfrey, qui occupoit, avec sa femme et ses enfans, une partie de ma maison. Il tenoit, en outre, la moitié de la boutique, pour son métier de vitrier : mais il travailloit peu, parce qu'il étoit continuellement absorbé dans les mathématiques.

Mistriss Godfrey forma le projet de me marier avec la fille d'un de ses parens. Elle ménagea diverses occasions de nous faire trouver ensemble ; et elle vit bientôt que j'étois épris, ce qui ne fut point difficile, la jeune personne étant douée de beaucoup de mérite.

Les parens favorisèrent mon inclination, en m'invitant continuellement à souper, et me laissant seul avec leur fille, jusqu'à ce qu'il fût, enfin, temps d'en venir à une explication.

Mistriss Godfrey se chargea de négocier notre petit traité. Je lui fis entendre que je m'attendois à recevoir, avec la jeune personne, une dot, qui me mît au moins en état d'acquitter le restant de la dette contractée pour mon imprimerie. Ce restant ne s'élevoit plus, je crois, qu'à cent livres sterlings. Elle m'apporta pour réponse, que les parens n'avoient pas une pareille somme à leur disposition. J'observai qu'ils pouvoient aisément se la procurer en donnant une hypothèque sur leur maison. Au bout de quelques jours, ils me firent dire qu'ils n'approuvoient pas le mariage ; qu'ayant consulté Bradford, ils avoient appris que le métier d'imprimeur n'étoit pas lucratif; que mes caractères seroient bientôt usés, et qu'il faudroit en acheter de neufs; que Keimer et Harry avoient manqué, et que vraisemblablement je ferois comme eux. En conséquence, on m'interdit la maison, et on défendit à la jeune personne de sortir.

J'ignore s'ils avoient réellement changé d'intention, ou bien s'ils usoient d'artifice, dans l'idée que leur fille et moi, nous étant engagés trop avant pour nous désister, nous trouverions le moyen de nous marier clandestinement; ce qui leur laisseroit la liberté de ne nous donner que ce qu'il leur plairoit. Mais soupçonnant ce motif, je ne remis plus le pied chez eux.

Quelque temps après, mistriss Godfrey me dit qu'ils étoient très-favorablement disposés à mon égard, et qu'ils désiroient de renouer avec moi. Mais je déclarai que j'étois fermement résolu à ne plus avoir aucun rapport avec cette famille. Les Godfrey en furent piqués, et comme nous ne pouvions plus être d'accord, ils quittèrent la maison et allèrent demeurer ailleurs. Je résolus, dès-lors, de ne plus prendre de locataires.

Cette affaire ayant tourné mes pensées vers le mariage, je regardai autour de moi, et cherchai en quelques endroits à former une alliance. Mais je m'apperçus bientôt que la profession d'imprimeur étant généralement regardée comme un pauvre métier, je ne devois pas m'attendre à trouver de l'argent avec une femme, à moins que je ne désirasse en elle aucun autre charme. Cependant, cette passion de jeunesse, si difficile à gouverner, m'avoit souvent entraîné dans des intrigues avec des femmes méprisables, qui m'occasionnoient de la dépense et des embarras, et qui m'exposoient sans cesse à gagner une maladie que je craignois plus que toute autre chose : mais je fus assez heureux pour échapper à ce danger.

En qualité de voisin et d'ancienne connoissance, j'avois entretenu une liaison
d'amitié

d'amitié avec les parens de miss Read. Ils avoient conservé de l'affection pour moi, depuis le temps que j'avois logé dans leur maison. J'étois souvent invité à aller les voir. Ils me consultoient sur leurs affaires, et je leur rendois quelques services. Je me sentois touché de la triste situation de leur fille, qui étoit presque toujours mélancolique et ne cherchoit que la solitude. Je regardois mon inconstance et mon oubli, pendant mon séjour à Londres, comme la principale cause de son malheur, quoique sa mère eût la bonne foi de s'en attribuer uniquement la faute, parce qu'après avoir empêché notre mariage avant mon départ, elle l'avoit engagée à en épouser un autre en mon absence.

Notre tendresse mutuelle se ralluma. Mais il y avoit de grands obstacles à notre union. Quoique le mariage de miss Read passât pour n'être point valide, son mari ayant, disoit-on, une première femme vivante en Angleterre, il étoit difficile d'en obtenir la preuve à une si grande distance; et quoiqu'on eût déjà rapporté que, cet homme étoit mort, nous n'en avions pas la certitude; d'ailleurs, en supposant que cela fût vrai, il avoit laissé beaucoup de dettes, pour le paiement desquelles il étoit à craindre que son successeur ne fût inquiété. Cependant, nous passâmes par-dessus toutes ces difficultés ; et j'épousai miss Read, le premier septembre 1730.

Nous n'éprouvâmes aucun des inconvéniens que nous avions craint. Elle fut pour moi une bonne et fidèle compagne, et contribua essentiellement au succès de mon magasin. Nous prospérâmes ensemble; et notre étude continuelle fut de nous rendre mutuellement heureux. Ainsi, je corrigeai, autant que je le pus, le tort que j'avois eu envers miss Read, lequel étoit, comme je l'ai dit, une des grandes erreurs de ma jeunesse.

Notre club n'étoit point alors établi dans une taverne. Nous tenions nos assemblées chez Robert Grace, qui avoit fait arranger une chambre exprès. L'un des membres observa un jour que, puisque nos livres étoient fréquemment cités dans le cours de nos discussions, il seroit convenable de les avoir tous dans le lieu de nos assemblées, afin de les consulter au besoin. Il ajouta qu'en formant ainsi de nos différentes bibliothèques, une bibliothèque commune, chacun de nous auroit l'avantage de se servir des livres de tous les autres, ce qui seroit presque la même chose que si chacun possédoit tout. Cette idée fut approuvée ; et en conséquence, chacun de nous prit chez soi tous les livres qu'il crut devoir fournir, et nous les plaçâmes dans le fond de la salle du club. Cette collection ne fut pas aussi nombreuse que nous nous y attendions ; et quoique nous eussions occasion de les feuilleter souvent, nous nous apperçûmes, au bout d'environ un an, que le défaut de soin leur avoit un peu nui. Nous convînmes alors de séparer la collection, et chacun remporta ses livres chez soi.

Ce fut à cette époque que j'eus la première idée d'établir, par souscription, une bibliothèque publique. J'en fis le *Prospectus*. Les conditions furent rédigées suivant les formes d'usage, par le procureur Brockden; et mon projet réussit, comme on le verra par la suite.....

―――

Ici s'arrête ce qu'on a pu se procurer de ce que Franklin a écrit de sa vie. On prétend que le manuscrit qu'il a laissé s'étend un peu plus loin ; et nous espérons qu'il sera tôt ou tard publié. Il y a lieu de croire que les lecteurs seront satisfaits de la simplicité, de la raison, de la philosophie, qui caractérisent ce qui précède; c'est pourquoi nous croyons devoir y joindre la continuation qu'en a faite le docteur Stuber (1) de Philadelphie, l'un des intimes amis de Franklin.

(1) Le docteur Stuber naquit à Philadelphie, d'une famille allemande qui s'y étoit établie. Il fut envoyé jeune au collége, où son esprit, son goût pour l'étude, et la douceur de son caractère lui acquirent l'affection de ses instituteurs. Après avoir passé par les différentes classes du collége, en beaucoup moins de temps qu'on a coutume de

La culture des lettres avoit été long-temps négligée en Pensylvanie. Les habitans étoient, pour la plupart, trop attachés à des affaires d'intérêt, pour songer à s'occuper des sciences; et le petit nombre de ceux que leur inclination portoit à l'étude, ne pouvoit s'y livrer que difficilement, parce que les collections de livres étoient trop bornées.

le faire, il en sortit, n'étant encore âgé que de seize ans. — Peu de temps après, il commença à étudier la médecine; l'ardeur avec laquelle il s'y livra, les progrès qu'il y fit, donnoient à ses amis, raison d'espérer qu'il se rendroit un jour utile et célèbre dans cette carrière. Cependant, comme sa fortune étoit très-bornée, il cessa bientôt de croire que l'état de médecin pût lui convenir; et après avoir pris un grade et s'être rendu capable de cultiver avec succès l'art de guérir, il y renonça pour se livrer à l'étude de la jurisprudence. Mais la mort vint interrompre le cours de ses travaux, avant qu'il eût le temps de cueillir le fruit des talens dont il étoit doué, et des soins qu'il avoit pris, en consacrant sa jeunesse aux sciences et à la littérature.

Dans ces circonstances, l'établissement d'une bibliothèque publique fut un important évènement. Franklin fut le premier qui le proposa, vers l'année 1731. Cinquante personnes s'empressèrent de souscrire pour quarante schellings chacune, et s'obligèrent en outre, de payer annuellement dix schellings. Peu-à-peu, le nombre des souscripteurs augmenta; et en 1742, ils formèrent une société, qui prit le titre de *Compagnie de la Bibliothèque de Philadelphie.*

A l'exemple de cette société, il s'en forma plusieurs autres dans la même ville : mais toutes finirent par se réunir à la première qui, par ce moyen, acquit un surcroît considérable de livres et de revenu. A présent, elle contient environ huit mille volumes sur divers sujets, un assez grand nombre de machines et d'instrumens de physique, et une petite collection d'objets d'histoire naturelle et de productions des arts, indépendamment d'une riche propriété territoriale. La société a fait récemment bâtir dans Fifth-

Street, une maison élégante sur le frontispice de laquelle doit être placée la statue, en marbre, de son fondateur, Benjamin Franklin.

Cette société fut extrêmement encouragée par les amis des lettres et de la littérature en Amérique et dans la Grande-Bretagne. La famille du célèbre Penn, se distingua par les dons qu'elle lui fit. On ne doit pas oublier de citer aussi parmi les premiers zélateurs de cette institution, le docteur Peter Collinson, ami et correspondant de Franklin. Non-seulement il fit lui-même à la société des présens considérables, et lui en procura de la part d'autres personnes, mais il se chargea des affaires qu'elle pouvoit avoir à Londres, lui indiquant les bons livres, les achetant et les lui expédiant. Ses connoissances étendues, et son zèle pour les progrès des sciences, le rendoient capable de justifier de la manière la plus avantageuse la confiance que la société avoit en lui. Il la servit pendant plus de trente années consécutives, et il refusa constamment toute espèce de récompense. Durant ce temps-là, les directeurs étoient exactement instruits par lui, de tous les perfectionnemens et les inventions qui avoient lieu dans les arts, en agriculture et en philosophie.

Les avantages de cette institution furent bientôt évidens. Ils n'étoient point le partage des seuls riches. Le peu qu'il en coûtoit pour devenir membre de la société, la rendit aisément accessible. Les citoyens des classes mitoyennes et même des dernières classes, y furent admis comme les autres. De là s'étendit parmi tous les habitans de Philadelphie, un certain degré d'instruction, qu'on trouve rarement dans les autres villes.

L'exemple fut bientôt suivi. Il s'établit des bibliothèques en différens endroits ; et elles sont maintenant très-multipliées dans les États-Unis, particulièrement en Pensylvanie. On doit même espérer que le nombre en augmentera encore, et que les lumières s'étendront de toutes parts. Ce sera le meilleur garant de notre liberté. Une nation d'hommes éclairés, qui ont appris de bonne heure à connoître et à estimer les droits, que Dieu leur a donnés, ne peut être réduite à l'esclavage. La tyrannie est toujours la compagne de l'ignorance ; mais elle fuit devant le flambeau de l'instruction. Que les Américains encouragent donc les institutions propres à répandre les connoissances parmi le peuple ; et qu'ils n'oublient pas que parmi ces institutions, les bibliothèques publiques ne sont pas les moins importantes.

En 1732, Franklin commença à publier l'*Almanach du Bon-homme Richard*, ouvrage remarquable par le grand nombre de maximes simples et précieuses, qu'il contient, et qui tendent toutes à faire sentir les avantages de l'industrie et de la frugalité. Cet almanach parut plusieurs années de suite ; et dans le dernier volume toutes les maximes furent rassemblées dans un discours intitulé : *Le Chemin de la Fortune*, ou *la Science du Bon-homme Richard*. Ce morceau a été traduit dans plusieurs langues, et inséré dans divers ouvrages (1). Il a été aussi imprimé sur une grande feuille de papier, et on le voit encadré dans plusieurs maisons de Philadelphie. Il contient peut-être le meilleur système d'économie-pratique, qui ait jamais paru. Il est écrit d'une manière intelligible pour tout le monde ; et il ne peut manquer de convaincre ceux qui le lisent, de la justesse et de l'utilité des observations et des avis qu'il renferme.

L'almanach de Franklin eut un tel succès, qu'on en vendit dix mille dans l'année, nombre qui doit paroître très-considérable, si l'on réfléchit qu'à cette époque l'Amérique n'étoit pas encore très-peuplée. On ne peut pas douter que les salutaires leçons, contenues dans cet almanach, n'aient fait une impression favorable sur plusieurs de ses lecteurs.

Peu de temps après, Franklin entra dans sa carrière politique. En 1736, il fut nommé secrétaire de l'assemblée gé-

(1) Il est si intéressant, que nous avons cru devoir le joindre à recueil.

nérale de Pensylvanie ; et réélu tous les ans pour la même place, jusqu'à ce qu'on l'éleva à celle de représentant de la ville de Philadelphie.

Bradford, étant chargé de la direction de la poste, avoit, comme l'a observé Franklin lui-même, l'avantage de répandre sa gazette plus facilement que les autres, et par conséquent de la rendre plus propre à faire circuler les annonces des marchands. Franklin obtint, à son tour, cet avantage. Il fut nommé en 1737, directeur des postes de Philadelphie. Tandis que Bradford avoit occupé cette place, il en avoit agi indignement envers Franklin, en s'opposant, de tout son pouvoir, à la circulation de son papier-nouvelle : mais lorsque Franklin eut la facilité de prendre sa revanche, la noblesse de son ame ne lui permit point d'imiter son lâche concurrent.

La police de Philadelphie avoit établi dès long-temps des gardes de nuit (1),

(1) Ils ont, comme en Angleterre, le nom de *Watchmen*, et crient exactement l'heure qui sonne.

qui sont, à-la-fois, chargés de prévenir les vols et de donner l'alarme en cas de feu. Cet emploi est peut-être l'un des plus importans qu'on puisse confier à une classe d'hommes quelconque. Mais les règlemens à cet égard n'étoient pas stricts. Franklin entrevit le danger qui pouvoit en résulter; et il proposa des arrangemens, pour obliger les gardes à veiller avec plus de soin, sur la vie et la propriété des citoyens. L'avantage de ces changemens fut aisément reconnu, et on ne balança pas à les adopter.

Rien n'est plus dangereux que les incendies pour des villes qui s'agrandissent. Les autres causes, qui peuvent leur nuire, agissent lentement et presqu'imperceptiblement: mais celle-ci détruit en un moment les travaux des siècles. On devroit donc multiplier, dans toutes les cités, les moyens d'empêcher le feu de s'étendre. Franklin en sentit bientôt la nécessité; et vers l'année 1738, il forma, à Philadelphie, la première compagnie pour éteindre les incendies. Son exemple ne tarda pas à être suivi ; et on compte maintenant, dans cette ville, plusieurs compagnies du même genre. C'est à ces institutions qu'on doit, en grande partie, attribuer la promptitude avec laquelle les incendies sont éteints à Philadelphie, et le peu de dommage que cette ville a éprouvé de ces sortes d'accidens.

Peu de temps après, Franklin suggéra le plan d'une association pour assurer les maisons contre le feu. Cette association eut lieu. Elle subsiste encore ; et l'expérience a montré combien elle est utile.

Il paroît que, dès l'instant où les Européens se sont établis en Pensylvanie, un esprit de dispute a régné parmi les habitans de cette province. Pendant la vie de William Penn, la constitution de la colonie fut changée trois fois. Depuis cette époque, l'histoire de ce pays n'offre guère qu'un tableau des querelles, qui ont eu lieu entre les propriétaires (1), ou les gouverneurs et l'assemblée. Les propriétaires prétendoient que leurs terres devoient être exemptes d'impôts. L'assemblée soutenoit le contraire. L'objet de cette dispute se renouveloit à chaque instant, et s'opposoit à l'établissement des loix les plus salutaires. Par ce moyen, le peuple se trouvoit souvent dans de très-grands embarras.

Lorsqu'en l'année 1744, l'Angleterre étoit en guerre avec la France, quelques Français et quelques Indiens firent des incursions sur les frontières de la province. Les habitans de ces frontières n'étoient pas en état de leur résister. Il devint nécessaire que les citoyens s'armassent pour leur défense. Le gouverneur Thomas demanda alors à l'assemblée une loi pour une levée de milice. L'assemblée ne voulut consentir à l'accorder qu'à condition qu'il donneroit lui-même

(1) Les p~~ ~~~, dont il s'agit ici, sont les hériti~ ~~ gouverneurs de la provi~ 'rte, que les gens d'a

sa sanction à certaines loix favorables aux intérêts du peuple. Mais le gouverneur, qui croyoit ces loix nuisibles aux propriétaires, refusa de les approuver; et l'assemblée se sépara sans avoir rien statué relativement aux milices.

La province étoit alors dans une situation très-alarmante. Exposée à des invasions continuelles de la part de l'ennemi, elle restoit sans aucun moyen de défense. Dans cette crise, Franklin ne resta point oisif. Il proposa, dans une assemblée des citoyens de Philadelphie, une association volontaire pour la défense du pays. Son plan fut si bien approuvé que douze cents personnes le signèrent sur-le-champ. On en fit circuler des copies dans toute la province; et, en peu de temps, le nombre des signataires s'éleva jusqu'à dix mille. Franklin fut choisi pour colonel du régiment de Philadelphie : mais il ne jugea pas à propos d'accepter cet honneur.

Des objets d'un genre bien différent attiroient la plus grande partie de son attention, et l'occupèrent même pendant quelques années. Il suivoit avec un cours d'expériences électriques tout le désir, que les philosophes de ce temps-là avoient de s'illustrer par des découvertes.

De toutes les branches de la physique expérimentale, l'électricité avoit été jusqu'alors la moins connue. Théophraste et Pline ont fait mention du pouvoir attractif de l'ambre, et après eux, tous les autres naturalistes en ont parlé. En l'année 1600, Gilbert, physicien anglais, augmenta considérablement le catalogue des substances qui ont la propriété d'attirer les corps légers. Boyle, Otto Guericke, bourguemestre de Magdebourg, célèbre par l'invention de la machine pneumatique, le docteur Wal et l'illustre Isaac Newton ont ajouté quelques faits à ceux de Gilbert. Guericke observa le premier le pouvoir répulsif de l'électricité, et la lumière et le bruit qu'elle produit. En 1709, Hawkesbec publia des expériences et des observations importantes sur le même sujet.

L'électricité fut ensuite assez longtemps négligée. Mais en 1728, M. Grey s'en s'en occupa avec beaucoup d'ardeur. Ce savant et son ami Wheeler firent un grand nombre d'expériences, dans lesquelles ils démontrèrent que l'électricité pouvoit être communiquée d'un corps à l'autre, même sans qu'il y eût un contact immédiat, et que de cette manière, on pouvoit la conduire à une grande distance. M. Grey découvrit encore qu'en suspendant une baguette de fer avec des cordons de soie ou de cheveux, et mettant au-dessous d'elle un tube agité, on pouvoit retirer des étincelles des extrémités de cette baguette, et y appercevoir de la lumière dans l'obscurité.

M. Dufay, intendant du Jardin des Plantes, à Paris, fit aussi plusieurs expériences, très-utiles aux progrès de l'électricité. Il en découvrit deux sortes, qu'il distingua sous les noms de *vitreuse* et de *résineuse* ; la première, produite par le frottement du verre, et la seconde excitée par le soufre, la cire à cacheter et quelques autres substances : mais il l'abandonna ensuite comme erronée.

Tome I.

Depuis 1739 jusqu'en 1742, Desaguliers s'occupa beaucoup de l'électricité. Mais ses travaux furent de peu d'importance. Il se servit pourtant le premier, des termes de *conducteurs* et *d'électrique, par soi-même.*

En 1742, plusieurs savans allemands firent des expériences d'électricité. Les principaux d'entr'eux étoient le professeur Boze de Wittemberg, le professeur Winkler de Leipsic, Gordon, bénédictin écossais et professeur de philosophie à Erfurt, et le docteur Ludolf de Berlin. Le résultat de leurs recherches étonna l'Europe. Ils se servoient de grandes machines, et par ce moyen ils pouvoient receuillir une quantité considérable d'électricité, et produire des phénomènes qui n'avoient point été jusqu'alors observés. Ils tuèrent de petits oiseaux, et mirent le feu à de l'esprit-de-vin.

Leurs expériences excitèrent la curiosité des autres philosophes. Vers l'année 1745, Collinson envoya à la compagnie de la biliothèque de Philadelphie, un détail de ces expériences, avec une machine électrique et des instructions sur la manière de s'en servir. Franklin et quelques-uns de ses amis, entreprirent aussitôt un cours d'expériences, dont le résultat est bien connu.

Franklin devint bientôt en état de faire plusieurs découvertes importantes, et de donner l'explication théorique de divers phénomènes. Ses idées à cet égard ont été universellement adoptées, et immortaliseront son nom. Il fit part de toutes ses observations à son ami Collinson, à qui il écrivit, en conséquence, une série de lettres, dont la première est datée du 28 mars 1747. C'est-là qu'il fit connoître la propriété qu'ont toutes les pointes, d'attirer et d'écarter la matière électrique, propriété qui avoit jusqu'alors échappé à la sagacité des physiciens. Il reconnut aussi le premier, un plus et moins, ou un état positif et négatif d'électricité. Nous n'hésitons point à lui faire honneur de cette découverte, quoique les Anglais l'aient attribuée à leur compatriote Watson. L'écrit, où Watson en fait mention, est daté du 21 janvier 1748 ; et celui de Franklin est du 11 juillet 1747, c'est-à-dire, de plus de six mois antérieur à l'autre.

Enfin, d'après sa théorie, Franklin expliqua d'une manière satisfaisante, les phénomènes de la bouteille de Leyde, phénomènes qui, d'abord observés par M. Cuneus, ou par le professeur Muschenbroeck de Leyde, ont long-temps embarrassé les physiciens. Il démontra clairement que quand on chargeoit la bouteille, elle ne contenoit pas plus d'électricité qu'auparavant, parce que plus elle en recevoit d'un côté, plus elle en rejetoit de l'autre ; et qu'il suffisoit d'établir entre les deux côtés une communication, pour opérer le retour de l'équilibre, de manière qu'il ne restoit plus aucun signe d'électricité.

Il prouva ensuite, par expérience, que l'électricité ne résidoit pas dans la garniture de la bouteille, mais dans les pores du verre même. Après qu'une bouteille fut électrisée, il en changea la garniture, et trouva, qu'en y en appliquant une nouvelle, il en partoit encore un choc électrique.

En 1749, il songea à expliquer les phénomènes de la foudre et des aurores boréales, d'après les principes de l'électricité. Il avança qu'il y avoit plusieurs traits d'analogie entre les effets de l'électricité et ceux de la foudre ; et il présenta à l'appui de cette assertion, un grand nombre de faits, et de raisonnemens tirés de ces faits. La même année, il conçut l'audacieuse et admirable idée de démontrer la vérité de son système, en attirant la foudre, par le moyen d'une barre de fer terminée en pointe, et élevée dans la région des nuages. Même dans cette expérience incertaine, le désir d'être utile au genre-humain se montre d'une manière frappante.

Admettant l'identité de la foudre et de la matière électrique, et connoissant la double propriété qu'ont les pointes d'écarter les corps chargés d'électricité, et d'attirer ce fluide doucement et imperceptiblement, il suggéra l'idée de préserver les maisons et les vaisseaux du danger de la foudre, en y plaçant des barres de fer pointues, qui en surmonteroient de quelques pieds la partie la plus élevée, et descendroient aussi de quelques pieds, soit dans la terre, soit dans l'eau. Il conclut que l'effet de ces barres seroit d'écarter le nuage à une distance où l'éclat de la foudre ne pourroit pas se faire sentir; d'en détacher la matière électrique, ou du moins, de la conduire jusque dans la terre, sans qu'elle pût être dangereuse pour le bâtiment.

Ce ne fut que dans l'été de 1752, qu'il put démontrer efficacement sa grande découverte. La méthode qu'il avoit d'abord proposée, étoit de placer sur une haute tour ou sur quelqu'autre édifice élevé une guérite, au-dessus de laquelle seroit une pointe de fer isolée, c'est-à-dire, plantée dans un gâteau de résine. Il pensoit que les nuages électriques, qui passeroient au-dessus de cette pointe, lui communiqueroient une partie de leur électricité, ce qui deviendroit sensible par les étincelles, qui en partiroient toutes les fois qu'on en approcheroit une clef, la jointure du doigt ou quelqu'autre conducteur.

Philadelphie n'offroit alors aucun moyen de faire une pareille expérience. Tandis que Franklin attendoit impatiemment qu'on y élevât une pyramide, il lui vint dans l'idée qu'il pourroit avoir un accès bien plus prompt dans la région des nuages, par le moyen d'un cerf-volant ordinaire, que par une pyramide. Il en fit un en étendant sur deux bâtons croisés un mouchoir de soie, qui pouvoit mieux résister à la pluie que du papier. Il garnit d'une pointe de fer le bâton qui étoit verticalement posé. La corde étoit de chanvre comme à l'ordinaire; et Franklin en noua le bout à un cordon de soie, qu'il tenoit dans sa main. Il y avoit une petite clef attachée à l'endroit où la corde de chanvre se terminoit.

Aux premières approches d'un orage,

Franklin se rendit dans les prairies qui sont aux environs de Philadelphie. Il étoit avec son fils, à qui seul il avoit fait part de son projet, parce qu'il craignoit le ridicule, qui trop communément, pour l'intérêt des sciences, accompagne les expériences qui ne réussissent pas. Il se mit sous un hangard pour être à l'abri de la pluie. Son cerf-volant étoit en l'air. Un nuage orageux passa au-dessus : mais aucun signe d'électricité ne se manifestoit encore. Franklin commençoit à désespérer du succès de sa tentative, quand tout-à-coup il observa que quelques brins de la corde de chanvre s'écartoient l'un de l'autre et se roidissoient. Il présenta aussitôt son doigt fermé à la clef, et il en tira une forte étincelle. Quel dut être alors le plaisir qu'il ressentit ! De cette expérience dépendoit le sort de sa théorie. Il savoit que s'il réussissoit, son nom seroit placé parmi les noms de ceux qui avoient agrandi le domaine des sciences ; mais que s'il échouoit, il seroit inévitablement exposé au ridicule, ou, ce qui est encore pire, à la pitié, qu'on a pour un homme qui, quoique bien intentionné, n'est qu'un faible et inepte fabricateur de projets.

On peut donc aisément concevoir avec quelle anxiété il attendoit le résultat de sa tentative. Le doute, le désespoir avoient commencé à s'emparer de lui, quand le fait lui fut si bien démontré, que les plus incrédules n'auroient pu résister à l'évidence. Plusieurs étincelles suivirent la première. La bouteille de Leyde fut chargée, le choc reçu ; et toutes les expériences qu'on a coutume de faire avec l'électricité furent renouvelées.

Environ un mois avant l'époque, où Franklin fit son expérience du cerf-volant, quelques savans français avoient completté sa découverte, d'après la manière qu'il avoit d'abord indiquée lui-même. On refusa, dit-on, d'insérer, parmi les Mémoires de la Société royale de Londres, les lettres qu'il adressa au docteur Collinson. Mais ce dernier les réunit en un volume, et les publia sous le titre de

Nouvelles Expériences et Observations sur l'Electricité, faites à Philadelphie, en Amérique.

Ces lettres furent lues avec avidité, et on les traduisit bientôt en différentes langues. La première traduction française en étoit très-incorrecte ; cependant, le célèbre Buffon fut extrêmement satisfait des idées qu'elle contenoit, et il répéta, avec succès, les expériences de Franklin. Il engagea en même-temps son ami Dalibard à donner à ses compatriotes une traduction plus correcte de l'ouvrage du physicien de Philadelphie ; ce qui contribua beaucoup à répandre en France la connoissance des principes de Franklin. Louis XV entendant parler de l'électricité, témoigna le désir d'en voir des expériences ; et pour le satisfaire, le physicien Delor en fit un cours dans la maison du duc d'Ayen, à Saint-Germain.

Les applaudissemens qu'on prodigua alors aux découvertes de Franklin, excitèrent en Buffon, Dalibard et Delor, un vif désir de constater la vérité de son système, sur les moyens d'écarter la foudre. Buffon plaça une barre de fer pointue et isolée, sur la tour de Montbar ; Dalibard en mit une à Marly-la-Ville, et Delor une sur sa maison de l'Estrapade, l'un des quartiers les plus élevés de Paris. La première de ces machines, qui parut électrisée, fut celle de Dalibard. Le 10 mai 1752, un nuage électrique passa au-dessus d'elle. Dalibard étoit absent : mais Coiffier, menuisier, auquel il avoit laissé des instructions, et Raulet, prieur de Marly-la-Ville, tirèrent beaucoup d'étincelles de la barre électrisée (1). On rendit compte de cette expérience à l'Académie des Sciences, dans un mémoire composé par Dalibard, et daté du 13 mai 1752.

Le 18 du même mois, la barre que Delor avoit élevée sur sa maison, produisit les mêmes effets que celle de Dalibard. Ce succès excita bientôt les autres physiciens de l'Europe, à répéter l'expérience. Mais nul d'entr'eux ne

(1) Elle avoit quarante pieds de longueur.

se signala plus qu'un moine de Turin, le père Beccaria, aux observations duquel les sciences doivent beaucoup.

Jusque dans les froides contrées de la Russie, on sentit l'ardeur de participer à ces brillantes découvertes. Le professeur Richman donnoit droit d'espérer qu'il ajouteroit aux connoissances déjà acquises, lorsqu'un coup, parti de la barre qui servoit à ses expériences, mit un terme à sa vie. Les amis des sciences regretteront long-temps cette victime de l'électricité.

D'après toutes ces expériences, la théorie de Franklin fut établie de la manière la plus solide. Cependant, quand on ne put plus douter de la vérité de cette théorie, l'envie essaya d'en rabaisser le mérite. Il étoit des hommes qui regardoient comme trop humiliant pour eux, qu'un Américain, un habitant d'une ville encore peu célèbre, un homme dont le nom étoit à peine connu, fût en état de faire des découvertes, et de présenter des théories qui avoient échappé aux recherches des philosophes les plus éclairés de l'Europe.

On prétendit que cet homme devoit à quelqu'autre l'idée de son système, et qu'il étoit impossible qu'il eût fait lui-même les découvertes qu'il s'attribuoit. On dit que dès l'année 1748, l'abbé Nollet avoit indiqué dans ses *Leçons de Physique*, l'analogie entre l'électricité et la matière de la foudre.

Il est certain que l'abbé Nollet en fait mention : mais il n'en parle que comme d'une simple conjecture, et il ne propose aucune manière d'en démontrer la vérité. Il reconnoît ensuite lui-même que Franklin a, le premier, eu la courageuse idée de faire descendre la foudre, par le moyen des barres métalliques, pointues et isolées. L'analogie entre les effets de la foudre et l'étincelle électrique est si frappante, qu'il n'est point surprenant qu'on l'ait remarquée, aussitôt que les phénomènes de l'électricité ont été généralement observés. Le docteur Wall et M. Grey en ont eu l'idée, lorsque la science étoit encore dans son enfance. Mais l'honneur d'une théorie régulière des causes de la foudre, la méthode de démontrer la vérité de cette théorie, et le courage de la mettre en pratique et de l'établir sur les solides bases de l'expérience, sont incontestablement dus à Franklin. Dalibard qui, le premier, fit des expériences en France, avoue qu'il n'a fait que suivre les procédés que Franklin avoit indiqués.

On a avancé dernièrement que la gloire de completter l'expérience du cerf-volant électrique, n'appartenoit point à Franklin. Quelques paragraphes des papiers anglais l'attribuent à un français, qu'ils ne nomment pas, mais qui est, vraisemblablement ce M. Deromas, assesseur du présidial de Nerac, auquel l'abbé Bertholon prétend qu'elle est due.

Il est aisé de se convaincre de l'injustice de cette assertion. L'expérience de Franklin fut faite au mois de juin 1752, et la lettre, dans laquelle il en rend compte, est datée du 19 octobre de la même année. — Deromas fit la première tentative le 14 mai 1753 : mais il ne réussit que le

7 juin suivant; c'est-à-dire, un an après que Franklin eut fait son expérience, et lorsqu'elle étoit déjà connue de tous les physiciens de l'Europe.

Indépendamment des grandes découvertes, dont nous venons de rendre compte, on trouve dans les lettres que Franklin a écrites sur l'électricité, beaucoup de faits et d'apperçus, qui ont singulièrement contribué à faire de cette partie des connoissances humaines une science particulière. M. Kinnersley, ami de Franklin, lui apprit qu'il avoit découvert différentes espèces d'électricité, produites par le frottement du verre et du soufre. Nous avons déjà observé que la même découverte avoit été faite par M. Dufay, mais qu'ensuite on l'avoit négligée pendant plusieurs années. Les physiciens pensoient que ce phénomène ne provenoit que d'une différence dans la quantité d'électricité recueillie, et Dufay lui-même parut, à la fin, avoir adopté cette opinion.

Franklin eut d'abord la même idée :

mais dans le cours de ses expériences, il reconnut que M. Kinnersley avoit raison, et que l'électricité vitreuse et l'électricité résineuse de Dufay n'étoient autre chose que l'état positif et l'état négatif, qu'il avoit d'abord observés ; c'est-à-dire, que le globe de verre chargeoit positivement le principal conducteur, ou lui communiquoit une plus grande quantité d'électricité, tandis que le pain de résine diminuoit sa quantité naturelle, ou le chargeoit négativement.

Ces expériences et ces observations ouvrirent aux recherches un nouveau champ, dans lequel les physiciens entrèrent avec ardeur ; et leurs travaux ajoutèrent beaucoup à la somme de nos connoissances.

Au mois de septembre 1752, Franklin commença un cours d'expériences, pour déterminer l'état de l'électricité dans les nuages ; et après un grand nombre d'observations, il reconnut que les nuages orageux étoient très-communément dans un état négatif d'électricité, mais quelquefois

quefois aussi dans un état positif. De là il inféra nécessairement que le plus souvent les coups de tonnerre étoient l'effet de l'électricité de la terre, qui frappoit les nuages, et non de celle des nuages, qui frappoit la terre.

La lettre, qui contient ces observations, est datée du mois de septembre 1753. Cependant la découverte de l'ascension du tonnerre passe pour être assez récente, et est attribuée à l'abbé Bertholon, qui publia un mémoire sur ce sujet en 1776.

Les lettres de Franklin ont été traduites non-seulement dans la plupart des langues de l'Europe, mais en latin. A mesure qu'elles se sont répandues, les principes qu'elles contiennent ont été suivis. Cependant la théorie de Franklin ne manqua pas d'abord d'adversaires. L'abbé Nollet fut un de ceux qui la combattirent : mais les premiers physiciens de l'Europe en devinrent les défenseurs ; et parmi ces derniers on doit distinguer Dalibard et Beccaria. Insensiblement les ennemis disparurent; et maintenant par-tout où l'on cultive la science de l'électricité, on a adopté le système de Franklin.

Nous avons déjà fait mention de l'important usage que Franklin fit de ses découvertes, pour préserver les maisons des redoutables effets de la foudre. Les conducteurs sont devenus très-communs en Amérique : mais malgré les preuves certaines de leur utilité, le préjugé les empêche encore d'être généralement adoptés en Europe. Les hommes se déterminent difficilement à renoncer à leurs coutumes pour en prendre de nouvelles; et, peut-être, devons-nous plutôt nous étonner de voir qu'un usage utile, qui n'a été proposé que depuis environ quarante ans, soit déjà établi en beaucoup d'endroits, que de ce qu'il n'est pas encore universellement suivi. Ce n'est que par degrés que les choses les plus salutaires peuvent être mises en pratique. Il y a près de quatre-vingts ans que l'inoculation a été introduite en Europe et en Amérique.

Cependant, elle n'est pas d'un usage général; et il faut, peut-être, encore un ou deux siècles avant qu'elle le devienne.

En 1745, Franklin publia un mémoire sur les cheminées, qu'il avoit nouvellement inventées en Pensylvanie. Il fit connoître, d'une manière très-détaillée, les avantages et les désavantages des différentes cheminées, et il s'efforça de démontrer que les siennes méritoient d'être préférées à toutes les autres. Les poêles ouverts devinrent dès-lors d'un usage général : mais ils ne sont pas tout-à-fait construits conformément à ses principes, puisqu'ils n'ont point par derrière une boîte, par le moyen de laquelle l'air chaud soit rejeté dans l'appartement. Ces poêles ont, à la vérité, l'avantage de faire continuellement circuler la chaleur; de sorte qu'on a besoin de moins de chauffage pour entretenir la température dans un état convenable, sur-tout lorsque la chambre est assez close pour empêcher l'air extérieur d'entrer : mais ils peuvent aussi occasionner des rhumes, des maux de dents, et d'autres incommodités de ce genre.

Quoique pendant plusieurs années la physique fût le principal objet des études de Franklin, il ne s'y borna pas entièrement. En 1747, il fut élu, par la ville de Philadelphie, membre de l'assemblée générale de la province. Il y avoit alors beaucoup de dispute entre l'assemblée et les propriétaires (1). Chaque parti défendoit ce qu'il croyoit être ses droits. Franklin, dès son enfance, ardent ami des droits de l'homme, se montra bientôt l'un des plus fermes opposans aux injustes projets des propriétaires. Il fut même regardé comme le chef de l'opposition ; et ce fut à lui qu'on attribua la plupart des courageuses réponses que l'assemblée fit aux messages des gouverneurs.

Il acquit beaucoup d'influence dans l'assemblée : mais il ne dut point cette influence à une éloquence extraordinaire. Il ne parloit que rarement; et il ne fit jamais ce qu'on appelle un discours

(1) Les héritiers de William Penn.

soigné. Il énonçoit communément une seule maxime, ou bien il racontoit un fait, un trait historique, dont la conséquence ne manquoit pas d'être saisie. Son extérieur étoit doux et prévenant. Sa méthode, en parlant comme en écrivant, étoit simple, sans art et singulièrement concise. Mais avec cette manière naturelle, sa sagacité et son jugement solide, il savoit confondre les plus éloquens et les plus subtils de ses adversaires, soutenir les opinions de ses amis, et entraîner les hommes impartiaux qui avoient été d'abord d'un avis différent du sien. Souvent une simple observation lui suffisoit pour détruire tout l'effet d'un long et élégant discours, et déterminer le sort d'une question importante.

Mais il ne se contentoit point de défendre ainsi les droits du peuple. Il vouloit les lui assurer d'une manière permanente. Pour cela, il savoit qu'il falloit en faire sentir tout le prix, et que le seul moyen d'y réussir étoit d'étendre l'instruction dans toutes les classes de la société.

L'on a déjà vu qu'il fut le fondateur d'une bibliothèque publique, qui contribua beaucoup à augmenter les connoissances des habitans de Philadelphie. Mais cette bibliothèque ne suffisoit pas. Les écoles étoient alors en général de très-peu d'utilité. Ceux qui les tenoient, n'avoient pas les qualités nécessaires pour remplir l'important devoir dont ils s'étoient chargés; et tout ce qu'on pouvoit attendre d'eux étoit de donner les principes d'une commune éducation anglaise. Franklin traça pour la ville de Philadelphie le plan d'un collége, tel qu'il devoit être dans un pays nouveau. Mais dans ce plan, comme dans tous ceux qu'il a faits, ses vues ne se bornoient pas à l'intérêt du moment. Il regardoit dans l'avenir l'époque où il faudroit étendre les bases de ses institutions. Il considéroit le collége de Philadelphie, comme un établissement qui deviendroit, avec le temps, un séminaire de savoir, plus étendu et plus analogue aux circonstances.

D'après son plan, les statuts du collége

furent dressés et signés le 13 novembre 1749 ; et on y nomma, en qualité de curateurs, vingt-quatre des plus respectables citoyens de Philadelphie. Les principales personnes que Franklin consulta, et sur son plan, et sur le choix des curateurs, furent Thomas Hopkinson, Richard Peters, alors secrétaire de l'assemblée provinciale, Tench Francis, procureur-général, et le docteur Phineas Bond.

Nous allons citer un article des statuts, pour montrer que l'esprit de bienfaisance, qui l'a dicté, est digne d'imitation; et, pour l'honneur de Philadelphie, nous espérons qu'il continuera à être long-temps en vigueur.

« En cas que le recteur, ou quelque
» professeur devienne incapable de rem-
» plir sa place, soit par maladie, ou par
» quelqu'autre infirmité naturelle, qui
» peut le réduire à un état d'indigence,
» les curateurs auront le pouvoir de lui
» donner des secours proportionnés à
» ses besoins, à son mérite, ainsi qu'aux
» fonds qu'ils auront entre les mains. »

La dernière clause est exprimée d'une manière si tendre, si paternelle, qu'elle doit faire un honneur éternel à l'esprit et au cœur des fondateurs.

« On doit espérer que les curateurs se feront un plaisir, et même un devoir de visiter souvent le collége, soit pour encourager et soutenir la jeunesse, soit pour exciter et aider les maîtres, et par tous les moyens en leur pouvoir, faire en sorte que cette institution remplisse son but. On doit croire aussi qu'ils regarderont jusqu'à un certain point, les élèves comme leurs propres enfans ; qu'ils les traiteront avec familiarité et avec affection ; et que quand ils se seront bien conduits, qu'ils auront achevé leurs études, et qu'ils entreront dans le monde, les curateurs feront à l'envi tout ce qui dépendra d'eux pour les avancer et les établir, soit dans le commerce ou dans les emplois, soit par des mariages ou de toute autre manière qui pourra leur être avantageuse ; et cela préférable-

» ment à toute autre personne, même
» d'un mérite égal. »

Ces statuts étant signés et rendus publics, avec les noms des personnes qui se proposoient pour fondateurs et curateurs, le dessein en fut si bien approuvé par les généreux citoyens de Philadelphie, qu'au bout de peu de semaines, il y eut une souscription de huit cents livres sterlings par an, pour l'espace de cinq années. Au commencement du mois de janvier suivant (1), on ouvrit les écoles de latin, de grec, d'anglais et de mathématiques.

D'après un article du premier plan, on établit encore une école pour élever gratis soixante garçons et trente filles. Cette école a été, depuis, appelée l'*École de Charité*; et malgré l'obstacle que les curateurs ont eu quelquefois à vaincre pour se procurer assez de fonds, cette école subsiste depuis quarante ans. Or, en comptant que chacun des enfans, qui y ont été admis, y a demeuré trois ans,

(1) En 1750.

ainsi qu'il est d'usage, on trouvera qu'on y a donné la principale partie de leur éducation à plus de douze cents enfans, qui, sans cela, seroient restés, pour la plupart, privés de toute espèce d'instruction. En outre, plusieurs de ceux qui ont été élevés dans cette école, sont maintenant comptés parmi les citoyens les plus utiles et les plus estimés de l'état.

L'institution, si heureusement commencée, continua à prospérer à la grande satisfaction de Franklin. Malgré ses études, et les occupations multipliées, qu'il avoit alors, il fut extrêmement assidu aux visites et aux examens qui se fesoient chaque mois dans les écoles. Il eut également soin de profiter des correspondances qu'il entretenoit dans plusieurs pays, pour étendre la réputation du collége de Philadelphie, et y attirer des élèves des différentes parties du continent de l'Amérique et des Antilles.

Par l'entremise du docteur Collinson, ce généreux et savant ami de Franklin, les curateurs du collége virent se réunir à eux (1), les deux héritiers du fondateur de la Pensylvanie, Thomas Penn et Richard Penn, qui, en même-temps, firent au collége un présent de cinq cents livres sterlings. Franklin commença dèslors à se flatter de voir bientôt accomplir son principal dessein. Il espéra que Philadelphie alloit avoir une institution semblable aux colléges et aux universités d'Europe ; institution à laquelle, suivant lui, son premier collége devoit seulement servir de base.

L'éclaircissement de ce fait est très-important pour la mémoire de Franklin, comme philosophe et comme ami et bienfaiteur des sciences. Il dit expressément, dans le préambule des statuts du collége :
« Que ce collége étoit fondé pour qu'on y
» enseignât le latin et le grec, avec toutes
» les autres parties utiles des arts et des
» sciences ; qu'il étoit en outre tel qu'il
» convenoit à un pays encore peu avancé,

(1) L'acte d'incorporation est du 13 juillet 1753.

» et qu'il devoit servir de base à la pos-
» térité, pour établir un séminaire de
» savoir, plus étendu et analogue aux
» circonstances qui auroient lieu dans
» le temps ». — Malgré cela, on s'est étayé naguère de l'autorité du docteur Franklin, pour prétendre que le latin, le grec et les autres langues mortes, étoient un embarras dans le plan d'une éducation utile ; et que le soin qu'on avoit pris de fonder un collége plus étendu que le sien, avoit été contraire à son intention et lui avoit occasionné du mécontentement.

Si ce que nous venons de citer plus haut, ne suffit pas pour prouver la fausseté de cette assertion, les lettres, que nous allons transcrire, achèveront de la démontrer. Un homme, qui venoit de publier des idées sur un collége propre à un pays encore peu avancé, c'est-à-dire, à New-York, envoya son pamphlet à Franklin, et lui demanda quelle étoit son opinion à ce sujet. Franklin lui répondit. Leur correspondance, qui dura environ un an, fut suivie de l'établissement du grand collége, sur les principes du premier. L'auteur du projet fut, en même-temps, mis à la tête de l'un et de l'autre ; et depuis trente-six ans, il les dirige d'une manière très-distinguée.

On verra aussi par ces lettres, quel étoit alors l'état du collége.

A M. W. Smith, à Long-Island.

Philadelphie, le 19 avril 1753.

« J'ai reçu, Monsieur, votre lettre
» du 11 courant, ainsi que votre nouvel
» écrit (1) sur l'éducation. Je vais le
» lire attentivement, et par le prochain
» courrier, je vous en dirai ma façon
» de penser, ainsi que vous le désirez.
» Je pense que vos jeunes élèves
» pourroient faire ici, d'une manière sa-
» tisfaisante, un cours de mathématiques
» et de physique. M. Alison (2), qui a

(1) Intitulé : *Idée générale du collége de Mirania.*

(2) Le savant docteur Francis Alison, qui est devenu vice-recteur du collége de Philadelphie.

» été élevé à Glascow, a long-temps
» professé la dernière de ces sciences,
» et M. Grew (1) la première ; et leurs
» écoliers font des progrès très-rapides.
» M. Alison est à la tête de l'école de
» latin et du grec : mais comme il a
» maintenant trois bons aides (2), il
» peut fort bien consacrer, chaque jour,
» quelques heures à l'instruction de ceux
» qui étudient les hautes sciences.

» Notre école de mathématiques est
» assez bien pourvue d'instrumens. Notre
» bibliothèque de livres anglais est très-
» bien composée, et nous y avons un
» assortiment de machines pour les ex-
» périences de physique, assortiment qui
» n'est pas considérable, mais que nous
» espérons incessamment completter. La
» bibliothèque loganienne, l'une des plus
» belles collections qu'il y ait en Amé-

(1) M. Théophile Grew, professeur de mathématiques dans le même collége.

(2) Ces aides étoient alors M. Charles Thompson,
dernier secrétaire du congrès ; M. Paul Jackson
et M. Jacob Duche.

» rique, sera bientôt ouverte; de sorte
» que les livres, ni les instrumens ne
» nous manqueront pas. En outre comme
» nous sommes toujours déterminés à
» allouer de bons honoraires aux pro-
» fesseurs, nous avons lieu de croire que
» nous pourrons en choisir d'habiles;
» et certes, c'est de ce choix que dé-
» pend le succès de l'institution.

» Si avant de retourner en Europe,
» il vous est possible de venir à Phi-
» ladelphie, je serai bien charmé de
» pouvoir converser avec vous. J'aurai
» aussi un vrai plaisir à vous écrire et
» à recevoir de vos lettres, après que
» vous serez fixé en Angleterre; car la
» correspondance des hommes qui ont
» du savoir, de la vertu et l'amour du
» bien public, est une de mes plus
» grandes jouissances.

» J'ignore si vous avez vu le premier
» plan que j'ai fait pour l'établissement
» de notre collége. Je vous l'envoie ci-
» joint. Quoiqu'imparfait, il a eu le
» succès que je désirois, puisqu'il a été

» suivi d'une souscription de quatre mille
» livres sterlings, qui nous ont servi à
» le mettre à exécution. Comme nous
» aimons beaucoup à recevoir des con-
» seils, et que chaque jour nous donne
» plus d'expérience, j'espère qu'en peu
» d'années, notre institution sera parfaite.

» Je suis, etc. »

B. FRANKLIN.

AU MÊME.

Philadelphie, le 3 mai 1753.

« M. PETERS, Monsieur, étoit, il
» n'y a qu'un instant, avec moi; et nous
» avons comparé nos notes sur votre
» nouvel écrit. Ce plan d'éducation est
» vraiment excellent : nous n'y avons
» apperçu rien qui ne soit très-praticable.
» La principale difficulté est de trouver
» l'*aratus* (1), et les autres personnes

(1) C'est le nom qui étoit donné au chef du collége, dans le plan dont il est ici mention, et qui depuis plusieurs années, a été exécuté en très-grande partie, dans le collége de Philadelphie, et dans divers autres colléges des Etats-Unis.

» propres

» propres à le mettre à exécution; mais
» on peut pourtant y réussir, en offrant
» à ces personnes les encouragemens
» nécessaires.

» Nous avons eu, M. Peters et moi,
» un grand plaisir à examiner votre plan.
» Quant à moi, je ne me souviens pas
» que la lecture d'aucun autre écrit m'ait
» jamais fait plus d'impression; tant il
» y a de noblesse et de justesse dans les
» idées, et de chaleur et d'élégance dans
» le style! Toutefois, comme les critiques
» de vos amis peuvent vous être plus
» utiles et plus agréables que leurs éloges,
» je dois vous observer que je désirerois
» que vous eussiez omis, non-seulement
» la citation du Review (1), mais les
» expressions (2), que le ressentiment
» vous a dictées contre vos adversaires.

(1) Cette citation du *Monthly Review* de Londres, année 1749, attaquoit d'une manière trop sévère, l'administration et la discipline des universités d'Oxford et de Cambridge, et fut ôtée des nouvelles éditions de l'écrit de M. W. Smith.

(2) Pages 65 et 79 du pamphlet.

Tome I. P

» En pareil cas, la plus noble victoire
» est celle qu'on obtient en brillant da-
» vantage, et en dédaignant l'envie.

» M. Allen est depuis dix jours absent
» de Philadelphie. Avant son départ, il
» me chargea de lui procurer six exem-
» plaires de votre plan. M. Peters en a
» prix dix. Il se proposoit d'abord de
» vous écrire, mais il ne le fait point,
» parce qu'il espère vous voir bientôt
» ici. Il me prie de vous présenter ses
» complimens, et de vous assurer qu'il
» vous accueillera avec grand plaisir.
» J'ajouterai que vous pouvez compter
» que, de mon côté, je ferai tout ce
» qui dépendra de moi pour vous rendre
» agréable le séjour de Philadelphie.

» Je suis, etc. »

B. FRANKLIN.

AU MÊME.

Philadelphie, le 27 novembre 1753.

« COMME je vous ai écrit, mon cher
» Monsieur, une très-longue lettre, par

» la voie de Bristol, je n'ai maintenant
» que peu de choses à vous dire. Ce qui
» concerne notre collége, est toujours
» dans le même état.

» Les curateurs seroient charmés d'y
» placer un recteur : mais ils craignent
» de prendre de nouveaux engagemens
» jusqu'à ce qu'ils se soient libérés
» des dettes qu'ils ont contractées; et
» je n'ai pas encore pu leur persuader
» entièrement qu'un bon professeur dans
» les hautes sciences, attireroit assez
» d'écoliers pour payer en grande partie,
» sinon tout-à-fait, ses honoraires. Ainsi,
» à moins que les propriétaires (1) de
» la province ne veuillent soutenir notre
» institution, je crains que nous ne soyons
» obligés d'attendre encore quelques an-
» nées avant de la voir dans l'état de
» perfection, dont je la crois déjà sus-
» ceptible; et l'espérance que j'avois de
» vous voir établi parmi nous, s'éva-
» nouira.

» Le bon M. Collinson m'écrit qu'il

(1) La famille des Penn.

» n'épargnera pas ses soins à cet égard.
» Il espère qu'avec l'aide de l'archevêque,
» il décidera nos propriétaires (1); et
» je prie Dieu qu'il le fasse réussir.

» Mon fils vous présente sa respec-
» tueuse affection.

» Je suis, etc.

B. FRANKLIN.

P. S. » Je n'ai pas reçu un seul mot
» de vous, depuis votre arrivée
» en Angleterre. »

AU MÊME.

Philadelphie, le 18 avril 1754.

« DEPUIS que vous êtes de retour en
» Angleterre, Monsieur, je n'ai reçu
» qu'une petite lettre de vous, par la
» voie de Boston, et en date du 18 oc-

---

(1) A la sollicitation de Franklin, de M. Allen et de M. Peters, l'archevêque Herring et M. Collinson, engagèrent MM. Thomas Penn et Richard Penn à souscrire pour une somme annuelle, et à donner ensuite 5000 livres sterlings au collége de Philadelphie.

» tobre dernier. Vous me mandez que
» vous m'avez écrit très au long par le
» capitaine Davis. — Davis a fait nau-
» frage, et conséquemment votre lettre
» est perdue; ce qui me fait beaucoup
» de peine.

» Mesnard et Gibbon sont arrivés ici,
» et ne m'ont rien apporté de votre part.
» Ma consolation est que vous ne m'é-
» crivez point, parce que vous venez,
» et que vous vous proposez de me dire
» de vive voix ce qui m'intéresse. Etant
» donc incertain que cette lettre vous
» trouve en Angleterre, et espérant de
» vous voir arriver, ou au moins de
» recevoir de vos nouvelles, par le na-
» vire *la Myrtilla*, capitaine Budden,
» que nous attendons à tout instant, je
» me borne à vous renouveler les as-
» surances de mon estime et de mon
» affection. »

B. FRANKLIN.

Environ un mois après que cette lettre
fût écrite, M. Smith arriva à Philadelphie, et fut aussitôt placé à la tête du

collége. Par ce moyen, Franklin et les autres curateurs, purent exécuter le dessein de perfectionner leur collége, et de lui donner le degré d'étendue et d'utilité, dans lequel il s'est soutenu jusqu'à présent. Ils obtinrent pour cela une charte additionelle, datée du 27 mai 1755.

Nous avons cru nécessaire de montrer de quelle importance les soins de Franklin furent pour cette institution. Peu de temps après, il s'embarqua pour l'Angleterre, où l'appeloit le service de son pays ; et comme depuis le même service l'a presque toujours occupé au dehors, ainsi qu'on le verra dans la suite de ces mémoires, il n'eut plus que peu d'occasions de prendre une part directe aux affaires du collége.

Lorsqu'en l'année 1785, il retourna à Philadelphie, il trouva les chartes du collége violées, et ses anciens collègues, qui en étoient, comme lui, les premiers fondateurs, privés de leurs droits d'administration, par un acte de la législature. Quoique son nom eût été inséré dans la liste des nouveaux curateurs, il refusa de prendre place parmi eux, et de se mêler de l'administration jusqu'à ce qu'une loi eût rétabli les choses dans leur premier état.

Cette loi fut rendue. Alors Franklin convoqua ses anciens collègues dans sa maison. Ils le choisirent pour leur président; et, à sa sollicitation, ils continuèrent long-temps à s'assembler chez lui. Cependant, quelques mois avant sa mort, craignant que l'attention qu'il donnoit aux affaires du collége, ne le fatiguât trop, ils lui proposèrent de tenir leurs assemblées dans le collége même, et il y consentit, quoiqu'avec quelque répugnance.

Non-seulement Franklin fut l'auteur de plusieurs institutions utiles, mais il favorisa celles dont d'autres hommes avoient conçu l'idée. Vers l'année 1752, le docteur Bond, célèbre médecin de Philadelphie, touché de l'état déplorable des pauvres, qu'il visitoit dans leurs maladies, forma le projet d'établir un hôpital.

Quels que fussent ses efforts, il ne put déterminer que peu de personnes à concourir à l'exécution d'un plan aussi utile. Mais ne voulant pas y renoncer, il eut recours à Franklin, qui travailla avec ardeur à le faire réussir, soit en employant son crédit auprès de ses amis, soit en démontrant, dans sa gazette, les avantages du projet.

Ses soins ne furent point inutiles. Les souscriptions s'élevèrent bientôt à une somme considérable. Cependant cette somme étoit encore au-dessous de ce qu'il falloit pour les premiers frais de l'établissement. Franklin fit une nouvelle tentative. Il s'adressa à l'assemblée; et après quelqu'opposition, il obtint la permission de présenter un bill, qui disoit qu'aussitôt que les souscriptions pour l'établissement de l'hôpital, s'éléveroient à deux mille livres sterlings, le trésor public fourniroit une pareille somme. Comme cette somme étoit promise à des conditions, qu'on espéroit ne voir jamais remplir, les opposans gardèrent le silence et le bill passa. Mais les soutiens du projet redoublèrent d'efforts, pour obtenir les souscriptions nécessaires, et ils ne tardèrent pas à y réussir. Ce fut-là l'origine de l'hôpital de Philadelphie; institution qui, avec le Mont-de-Piété et la maison où l'on distribue des remèdes, est une preuve de l'humanité des habitans de cette ville.

Franklin avoit rempli avec tant d'intelligence l'emploi de directeur des postes de Philadelphie, et il connoissoit si bien ce département, qu'on jugea nécessaire de l'élever à une place plus distinguée. En 1753, il fut nommé sous-directeur-général des postes des colonies britanniques. Les profits de la poste aux lettres n'étoient pas une petite partie des revenus que le gouvernement anglais retiroit de ses colonies. On prétend que tandis que Franklin en fut chargé, les postes de l'Amérique septentrionale produisirent annuellement trois fois autant que celles d'Irlande.

Les frontières des colonies d'Amérique

étoient très-exposées aux incursions des Indiens, sur-tout lorsque la guerre avoit lieu entre la France et l'Angleterre. Ces colonies étoient individuellement trop foibles, pour que chacune pût prendre des mesures efficaces pour sa propre défense, ou elles avoient trop peu de bonne volonté pour se charger, en particulier, de construire des forts, d'entretenir des garnisons, tandis que celle qui auroit fait ces entreprises, auroit vu ses voisins partager le fruit de ses peines, sans avoir contribué à les faire naître. Quelquefois aussi les querelles, qui subsistoient entre les gouverneurs et les assemblées, empêchoient qu'on adoptât des moyens de défense, comme nous avons déjà rapporté que cela avoit eu lieu en Pensylvanie, en 1745.

Cependant il étoit à désirer que les colonies formassent un plan d'union, et pour leur défense commune, et pour leurs autres intérêts. Elles en sentirent la nécessité ; et en conséquence, des commissaires des provinces de New-

Hampshire, de Massachusett, de Rhode-Island, de New-Jersey, de Pensylvanie et de Maryland, se réunirent, en 1754, à Albany. Franklin s'y rendit, en qualité de commissaire de la Pensylvanie, et il y présenta un plan, qui, d'après le lieu où se tenoit l'assemblée, a été communément appelé *le Plan d'Union d'Albany*.

Il proposoit dans ce plan, de demander au parlement d'Angleterre, un acte d'après lequel on établiroit un gouvernement-général, composé d'un président, nommé par le roi, d'un grand-conseil, dont les membres seroient élus par les représentans des différentes colonies. Il vouloit, en même-temps, que le nombre de ces représentans fût proportionné aux sommes que chaque colonie verseroit dans le trésor public, avec cette restriction, qu'aucune ne pourroit en avoir ni plus de sept, ni moins de deux.

Toute l'autorité exécutive devoit être déléguée au président-général, et l'autorité législative devoit résider dans le grand-conseil et le président réunis ; le consentement de ce dernier étant nécessaire pour qu'un bill fût converti en loi. Le président et le conseil devoient avoir le pouvoir de faire la guerre et la paix, de conclure des traités avec les nations indiennes, de régler le commerce avec elles, et d'en acheter des terres, soit au nom de la couronne d'Angleterre, soit au nom de l'union coloniale ; d'établir de nouvelles colonies, de faire des loix, pour les gouverner, jusqu'à ce qu'elles fussent érigées en gouvernemens séparés ; de lever des troupes, de construire des forteresses, d'équiper des vaisseaux, et d'employer tous les autres moyens propres à la défense générale. En conséquence, ils auroient pu aussi établir les impôts, ou mettre les taxes qu'il auroient cru nécessaires, et les moins onéreuses au peuple.

Toutes ces loix devoient être envoyées en Angleterre, pour obtenir la sanction du roi ; et à moins qu'elles ne fussent improuvées avant trois ans, elles devoient demeurer en vigueur. La nomination de tous les officiers de terre et de mer devoit être faite par le président-général, et approuvée par le conseil. Les officiers civils, au contraire, devoient être nommés par le conseil, et approuvés par le président.

Telle est l'esquisse du plan que Franklin proposa au congrès d'Albany. Après une discussion, qui dura quelques jours, ce plan fut agréé par tous les commissaires; et l'on en envoya une copie à l'assemblée de chaque province, ainsi qu'au conseil du roi. Sa destinée fut singulière. Les ministres anglais le désapprouvèrent, parce qu'il accordoit trop d'autorité aux représentans du peuple ; et les assemblées coloniales n'en voulurent point, parce qu'il donnoit au président-général, qui représentoit le roi, une plus grande influence qu'elles ne le jugeoient convenable dans un plan de gouvernement destiné à des hommes libres.

Peut-être ce double motif de rejet est ce qui prouve le mieux combien le plan de Franklin étoit convenable dans la situation relative où se trouvoient alors l'Amérique et la Grande-Bretagne. En homme intelligent et sage, il avoit exactement ménagé leurs intérêts divers.

L'adoption de ce plan auroit fort bien pu empêcher que les colonies anglaises ne se séparassent de leur métropole : mais c'est une question, qu'il n'est nullement aisé de décider. On peut dire qu'en mettant les colonies en état de se défendre elles-mêmes, on auroit écarté le prétexte, qui a servi à faire passer au parlement d'Angleterre l'acte du timbre, l'acte du thé et quelques autres, qui ont excité en Amérique un esprit de mécontentement, et occasionné par la suite la séparation des deux peuples. Mais d'un autre côté, on doit considérer que quand ces actes ne seroient point émanés du parlement, les Américains n'auroient pas tardé à briser les entraves que l'Angleterre mettoit à leur commerce, en les forçant de ne vendre leurs productions qu'aux Anglais, et de leur acheter les marchandises que le peu d'encouragement qu'il y avoit dans leurs manufactures leur rendoit nécessaires, et que ces Anglais leur fesoient payer beaucoup plus cher que ne l'auroient fait les autres nations.

En outre, le président-général devant être nommé par le roi d'Angleterre, il n'eût pas manqué de lui être exclusivement dévoué, et conséquemment il auroit refusé son consentement aux loix les plus salutaires, lorsque ces loix auroient eu la moindre apparence de blesser les intérêts de son maître. De plus, le consentement même du président n'eût pas suffi. Il auroit fallu que les loix eussent encore l'approbation du roi, qui, dans toutes les circonstances, auroit, sans doute, préféré l'avantage de ses états d'Europe à celui de ses colonies. Cette préférence eût fait naître des discordes perpétuelles entre le conseil et le président-général, et par conséquent entre le peuple d'Amérique et le gouvernement d'Angleterre. — Tandis que les colonies seroient restées faibles, elles auroient été obligées de se soumettre : mais aussitôt qu'elles auroient acquis de la force, elles seroient devenues plus pressantes dans leurs demandes ; et secouant enfin le joug, elles se seroient déclarées indépendantes.

Lorsque les Français étoient en possession du Canada, ils fesoient un grand commerce avec les Sauvages ; ils alloient même traiter jusqu'auprès des frontières des colonies britanniques ; et quelquefois ils formoient de petits établissemens sur le territoire que les Anglais prétendoient leur appartenir. Indépendamment du tort considérable que cela fesoit aux Anglais relativement au commerce des pelleteries, leurs colonies étoient sans cesse exposées à se voir dévastées par les Indiens qu'on excitoit contr'elles.

En 1753, il y eut quelques ravages commis sur les frontières de la Virginie. Les remontrances, qui furent faites à cet égard, restèrent sans effet. En 1754, on envoya sur les lieux un corps de troupes dont le commandement fut donné à Washington ; car, quoique très-jeune encore,

encore, cet officier s'étoit conduit, l'année précédente, de manière à prouver qu'il méritoit cette confiance.

Tandis qu'il marchoit pour aller prendre possession du poste situé dans l'endroit où se réunissent l'Allegany et le Monongahela, il apprit que les Français y avoient déjà construit un fort. Un détachement de leurs troupes s'avança aussitôt contre lui. Il se fortifia autant que les circonstances le lui permirent; mais la supériorité du nombre l'obligea bientôt à rendre le fort de *la Nécessité*. Il obtint une capitulation honorable, et il retourna en Virginie.

Le gouvernement britannique crut ne pas devoir rester spectateur tranquille de cette querelle. En 1755, il donna ordre au général Braddock de marcher avec un corps de troupes régulières et quelques milices américaines, pour chasser les Français du poste dont ils s'étoient emparés. Lorsque les troupes furent rassemblées, il s'éleva une difficulté, qui fut sur le point d'empêcher l'expédition.

Tome I. Q

C'étoit le manque de chariots. Franklin s'empressa d'en faire fournir; et, avec l'aide de son fils, il en procura, en peu de temps, cent cinquante.

Braddock donna dans une embuscade, et y périt avec une grande partie de son armée. Washington, qui étoit au nombre des aides-de-camp de ce général, et l'avoit en vain averti de son danger, déploya alors de grands talens militaires, en rassemblant les débris de l'armée, et effectuant une jonction avec l'arrière-garde, que conduisoit le colonel Dunbar, devenu commandant en chef par la mort de Braddock. Ce ne fut pas sans peine qu'on parvint à conduire dans un endroit sûr les foibles restes de ces troupes. On crut devoir, en même-temps, détruire les chariots et le bagage pour empêcher qu'ils ne tombassent au pouvoir de l'ennemi.

Franklin avoit fait des obligations, en son nom, pour les chariots qui avoient été fournis à l'armée. Les propriétaires de ces chariots déclarèrent que leur intention étoit de le forcer à leur en tenir compte. S'ils avoient exécuté cette menace, il est certain que Franklin auroit été ruiné. Mais le gouverneur Shirley voyant qu'il n'avoit répondu des chariots que pour servir le gouvernement, se chargea de les faire payer, et retira Franklin d'une situation très-désagréable.

La nouvelle de la défaite et de la mort du général Braddock, répandit l'alarme dans les colonies anglaises. Toutes s'occupèrent de préparatifs de guerre. Mais en Pensylvanie, le crédit des quakers empêcha qu'on adoptât aucun systême de défense, qui pourroit forcer les citoyens à prendre les armes. Franklin voulant faire organiser une milice, présenta à l'assemblée, un bill, d'après lequel tout homme avoit la liberté de prendre les armes, ou non. Les quakers restant ainsi maîtres de ne pas s'armer, laissèrent passer le bill; car bien que leurs principes ne leur permissent pas de combattre, ils ne les obligeoient pas à empêcher leurs voisins de combattre pour eux.

D'après ce bill, les milices de Pensylvanie devinrent une troupe respectable. L'idée d'un danger imminent enflamma d'une ardeur belliqueuse tous ceux à qui leurs principes religieux ne l'interdisoient pas. Franklin fut nommé colonel du régiment de Philadelphie, composé de douze cents hommes.

L'ennemi ayant fait une invasion sur la frontière nord-ouest de la province, on fut obligé de s'occuper à y porter des secours. Le gouverneur chargea Franklin de prendre, à cet égard, toutes les mesures nécessaires. Il reçut le pouvoir de lever des troupes, et de nommer leurs officiers. Aussitôt il forma un régiment, avec lequel il se rendit dans l'endroit qui exigeoit sa présence. Il y bâtit un fort, et y mit une garnison en état de s'opposer aux incursions qui avoient, jusqu'alors, inquiété les habitans. Il y séjourna même quelque temps, afin de s'acquitter mieux des soins qui lui avoient été confiés. Ensuite, l'intérêt du peuple demandant qu'il reparût dans l'assemblée, il retourna à Philadelphie.

La défense des colonies de l'Amérique septentrionale étoit très-dispendieuse pour l'Angleterre. Le meilleur moyen de diminuer cette dépense, étoit de mettre des armes dans les mains des habitans, et de leur enseigner le moyen de s'en servir. Mais l'Angleterre ne se soucioit point que les Américains apprissent à connoître leurs propres forces. Elle craignoit que dès qu'ils en seroient venus là, ils ne voulussent plus se soumettre au monopole qu'elle exerçoit sur leur commerce, et qui ne leur étoit pas moins onéreux qu'avantageux à elle-même. L'entretien des flottes et des armées qu'elle avoit en Amérique, n'étoit rien, en comparaison des profits du commerce qu'elle y fesoit.

Ce qu'elle crut pouvoir faire de mieux, pour retenir ses colonies dans une soumission paisible, fut de leur rendre sa protection nécessaire. Elle voulut écarter tout ce qui tendoit à montrer un esprit militaire; et quoiqu'en fût alors dans le fort de la guerre entre l'Angleterre et la France, le ministère anglais improuva l'acte par lequel l'assemblée de Pensylvanie avoit permis l'organisation des milices. Les régimens qui avoient été formés, furent licenciés; et on fit marcher des troupes régulières pour défendre la province.

La guerre qui désoloit les frontières, n'empêchoit pas que les propriétaires (1) et le peuple de la Pensylvanie, ne fussent toujours en mésintelligence. L'appréhension même d'un danger commun ne suffisoit pas pour les réconcilier un moment. L'assemblée prétendoit jouir du juste droit de mettre des impôts sur les terres des propriétaires : mais les gouverneurs refusoient opiniâtrement de donner à cette mesure, un consentement sans lequel aucun bill ne pouvoit être converti en loi.

Indignée d'une résistance qu'elle regardoit comme une iniquité, l'assemblée résolut enfin, de demander à la mère-

(1) Les héritiers Penn.

patrie qu'elle y mît un terme. Elle adressa au roi et à son conseil, une pétition, dans laquelle elle montroit tout le tort que fesoient au peuple, et l'attachement exclusif des propriétaires à leur intérêt particulier, et leur indifférence pour le bien général de la colonie; et elle en demandoit justice.

Franklin fut chargé d'aller présenter cette adresse, et nommé, en conséquence, agent de la province de Pensylvanie. Il partit d'Amérique au mois de juin 1757. Conformément aux instructions qu'il avoit reçues de l'assemblée, il eut une conférence avec les héritiers Penn, qui résidoient alors à Londres, et il essaya de les déterminer à abandonner des prétentions dès long-temps contestées. Mais voyant qu'ils refusoient toute espèce d'accommodement, il présenta au conseil-d'état, la pétition de l'assemblée.

Pendant ce temps-là, le gouverneur Denny donna son assentiment à une loi qui établissoit un impôt, sans faire aucune distinction en faveur des biens de la famille Penn. Alarmée de cette nouvelle et des démarches de Franklin, cette famille employa tout son crédit pour empêcher que la sanction royale ne fût donnée à la nouvelle loi. Ils la représentèrent comme une loi excessivement injuste, qui leur feroit bientôt supporter tous les frais du gouvernement, et auroit les conséquences les plus funestes pour eux et pour leur postérité.

Cette cause fut amplement discutée devant le conseil privé. Les héritiers Penn y trouvèrent plusieurs zélés défenseurs; mais il y eut aussi des membres du conseil, qui soutinrent, avec chaleur, la cause du peuple. Après d'assez longs débats, on proposa que Franklin promît solemnellement que la répartition de l'impôt seroit telle que les biens des Penn ne paieroient pas au-delà de ce qu'ils devroient proportionnément aux autres. Franklin n'hésita point à le promettre. La famille Penn cessa de s'opposer à la sanction de la loi; et la tranquillité fut rendue à la Pensylvanie.

La manière dont se termina ce différend, montre clairement la haute opinion qu'avoient de l'honneur et de l'intégrité de Franklin, ceux mêmes qui le considéroient comme opposé à leurs vues. Certes, cette opinion n'étoit point mal fondée. La répartition de l'impôt fut faite d'après les principes de la plus austère équité; et les terres des Penn ne contribuèrent aux dépenses du gouvernement que proportionnément à leur valeur.

Après la conclusion de cette importante affaire, Franklin demeura à la cour de Londres, en qualité d'agent de la province de Pensylvanie. La profonde connoissance qu'il avoit de la situation des colonies, et son zèle constant pour leurs intérêts, le firent nommer aussi agent des provinces de Massachusett, de Maryland et de Georgie. Sa conduite dans cette place, le rendit encore plus cher à ses compatriotes.

Il eut alors occasion de cultiver la société des amis, que son mérite lui avoit procuré pendant qu'il étoit encore éloigné d'eux. L'estime, qu'ils avoient conçue pour lui, s'accrut, quand ils le connurent personnellement. Ceux, qui avoient combattu les avantages de ses découvertes en physique, se turent insensiblement, et les récompenses littéraires lui furent prodiguées.

La Société royale de Londres, qui s'étoit d'abord refusée à insérer dans ses transactions, les écrits de l'électricien de Philadelphie, pensa bientôt qu'elle se feroit un honneur de l'admettre au nombre de ses membres. D'autres compagnies savantes désirèrent également d'inscrire son nom parmi ceux qui les illustroient. L'université de Saint-André, en Écosse, lui conféra le titre de docteur ès loix; et cet exemple fut suivi par les universités d'Edimbourg et d'Oxford. Les premiers philosophes de l'Europe ambitionnèrent d'entrer en correspondance avec lui. Les lettres qu'il leur écrivit, contiennent des idées savantes et profondes, exprimées de la manière la plus simple et la plus naturelle.

Les Français possédoient alors le Canada, où ils avoient, les premiers, fait des établissemens. Le commerce que cette colonie les mettoit à même de faire avec les Sauvages, étoit extrêmement lucratif. Ils avoient trouvé là, un débouché considérable pour les produits de leurs manufactures, et ils recevoient en échange une grande quantité de belles fourrures, qu'ils vendoient chèrement en Europe. Mais si la possession du Canada étoit très-avantageuse à la France, les habitans des colonies anglaises souffroient beaucoup de ce qu'il lui appartenoit. Les Sauvages étoient en général jaloux de cultiver l'amitié des Français, qui leur fournissoient abondamment des armes et des munitions. Quand la guerre avoit lieu entre l'Angleterre et la France, les Sauvages s'empressoient de ravager les frontières des colonies anglaises. Bien plus : ils commettoient de pareils excès, lors même que la France et l'Angleterre étoient en paix.

D'après ces considérations, il n'étoit

pas douteux que l'Angleterre ne fût intéressée à acquérir le Canada. Mais l'importance de cette acquisition n'étoit pas très-bien sentie à Londres. Franklin publia alors un pamphlet, dans lequel il démontra, avec la plus grande force, les avantages qui résulteroient de la conquête du Canada.

On traça aussitôt le plan d'une expédition, à la tête de laquelle fut mis le général Wolfe. Le succès en est connu. Par le traité de paix signé en 1762, la France abandonna le Canada à la Grande-Bretagne ; et par la cession, qu'elle fit peu après, de la Louisiane, elle perdit toutes ses possessions dans le continent d'Amérique.

Quoique Franklin fût alors très-occupé de politique, il trouvoit le moyen de cultiver les sciences. Il étendit ses recherches sur l'électricité, et fit un très-grand nombre de nouvelles expériences, particulièrement sur le tourmalin. Il n'y avoit encore que très-peu de temps qu'on avoit découvert la singulière propriété qu'a cette pierre de s'électriser positivement, d'un côté, et négativement de l'autre, sans friction, et par la seule action de la chaleur.

Le professeur Simpson de Glascow, communiqua à Franklin quelques expériences que le docteur Cullen avoit faites sur le froid, produit par l'évaporation. Franklin les répéta, et il trouva que lorsqu'on pompoit l'air dans le récipient de la machine pneumatique, le froid y augmentoit à un tel degré, même en été, que l'eau y étoit convertie en glace. Il se servit de cette découverte pour expliquer un nombre de phénomènes, et particulièrement un fait, dont les physiciens avoient jusqu'alors cherché vainement la cause; c'est que la chaleur du corps humain, dans un état de santé, n'excède jamais le quatre-vingt seizième degré du thermomètre de Fareinheit, quoique l'atmosphère qui l'environne puisse s'élever à un bien plus haut degré. Franklin attribua cela à l'augmentation de transpiration, et par conséquent à l'évaporation produite par la chaleur.

Dans une lettre écrite à M. Small, à Londres, et datée du mois de mai 1760, Franklin lui fit part d'un grand nombre d'observations, qui servent à prouver que dans l'Amérique septentrionale, les tempêtes du nord-est commencent dans le sud-ouest. Il paroît, d'après une observation nouvelle, qu'une tempête du nord-est, qui s'étendit à une distance considérable, commença à Philadelphie quatre heures avant de se faire sentir à Boston.

Franklin essaya d'expliquer le fait, dont il rendoit compte, en supposant que la chaleur occasionnoit une raréfaction de l'air dans les environs du golfe du Mexique; qu'alors l'air plus froid qui étoit immédiatement au nord, se portoit vers ce côté, et étoit remplacé par un air plus froid, que suivoit un plus froid encore : ce qui formoit un courant d'air continuel.

Le son produit par le frottement du bord d'un verre à boire avec un doigt mouillé, étoit généralement connu. Un irlandois, nommé *Puckeridge*, essaya de former un instrument harmonieux, en plaçant sur une table un certain nombre de verres de diverse grandeur et à moitié remplis d'eau. Une mort prématurée l'empêcha de perfectionner cette invention. Mais d'autres profitèrent de sa découverte. La douceur des sons, que rendoient ces verres, engagea Franklin à s'en occuper, et il produisit, enfin, cet élégant instrument, auquel on a donné le nom d'*harmonica*.

Dans l'été de 1762, Franklin retourna en Amérique. Dans la traversée, il remarqua le singulier effet, produit par le mouvement d'un vase qui contenoit de l'huile flottant sur l'eau. La surface de l'huile restoit unie et calme, tandis que l'eau étoit très-violemment agitée. Nous ne croyons pas que ce phénomène ait été encore expliqué d'une manière satisfaisante.

Franklin reçut les remerciemens de l'assemblée de Pensylvanie, et pour la fidélité avec laquelle il avoit rempli son devoir envers cette province, et pour les nombreux et importans services qu'il avoit rendus pendant son séjour à Londres, à toutes les colonies de l'Amérique septentrionale. L'assemblée décréta, en même-temps, qu'il lui seroit alloué une indemnité de cinq mille livres sterlings (1), pour les six ans qu'il avoit passés à Londres.

Pendant son absence, il avoit été élu tous les ans membre de l'assemblée de Pensylvanie. A son retour, il reprit sa place dans ce corps, et il continua à être le courageux défenseur des droits du peuple.

Il survint, dans le mois de décembre 1762, un évènement qui répandit l'alarme dans la province. Une peuplade, composée d'une vingtaine d'Indiens, étoit dès long-temps établie dans le comté de Lancaster, et n'avoit pas cessé de se conduire paisiblement et amicalement

(1) Il y a dans l'original, *argent courant de Pensylvanie*, qui vaut à-peu-près un tiers de moins; mais on a traduit *sterling*, parce qu'autrement, peu de lecteurs français auroient compris ce que cela auroit signifié. (*Note du Traducteur.*)

envers les colons anglais. Cependant les dévastations que d'autres Sauvages commettoient sur les frontières, irritèrent tellement les colons, qu'ils résolurent de s'en venger sur tous les Indiens. Environ cent vingt habitans, qui, pour la plupart, étoient de Donnegal et de Peckstang ou de Paxton, dans le comté d'York, montèrent à cheval, se rassemblèrent, et prirent la route du petit établissement des paisibles et innocens Indiens de Lancastre. Ces bons Sauvages furent avertis qu'on venoit les attaquer : mais considérant les hommes blancs comme leurs amis, ils crurent n'avoir rien à craindre.

Lorsque les colons arrivèrent dans le village de ces Indiens, ils n'y trouvèrent que des femmes, des enfans, et quelques vieillards, parce que le reste de la peuplade étoit allé vaquer à ses occupations accoutumées. Ils égorgèrent tous ceux qu'ils rencontrèrent, entr'autres le chef, nommé *Schahaès*, distingué par son attachement aux colons. Cette action barbare excita l'indignation de tous ceux des habitans, qui avoient quelque sentiment d'humanité.

Les malheureux Indiens, qui, s'étant trouvés absens de leur village, avoient échappé à la mort, furent amenés à Lancastre et logés dans la geole, afin qu'ils pussent être à l'abri des nouveaux attentats de leurs assassins. Le gouverneur témoigna, par une proclamation, combien il désapprouvoit le massacre des Indiens, offrit une récompense à ceux qui feroient connoître les auteurs de cette barbarie, et défendit qu'on portât la moindre atteinte au repos du reste de la peuplade. Mais, au mépris de cette proclamation, les scélérats contre lesquels elle étoit rendue, marchèrent droit à Lancastre, brisèrent les portes de la geole et massacrèrent les infortunés Indiens qui y étoient renfermés.

Une seconde proclamation du gouverneur n'eut pas plus d'effet que la première. Un détachement de colons s'avança vers Philadelphie, dans le dessein d'égorger quelques Indiens amis qu'on y avoit conduits pour les dérober à la mort. Plusieurs citoyens de cette ville prirent les armes pour défendre ces malheureux. Les quakers même, à qui leurs principes religieux ne permettent pas de combattre pour leur propre défense, furent les plus ardens à protéger les Indiens (1).

Les assassins entrèrent dans Germaintown (2). Le gouverneur se sauva dans la maison de Franklin, tandis que celui-ci marcha, avec quelques autres personnes, à la rencontre des enfans de Paxton, car c'est le nom qu'avoient pris les assassins. Franklin les harangua, et parvint à leur persuader d'abandonner leur entreprise et de retourner chez eux.

Les disputes entre les propriétaires (3)

(1) Ce trait, ce que Franklin rapporte du bon *Denham*, dans la première partie de ces mémoires, et tout ce que j'ai observé moi-même pendant mon séjour à Philadelphie, m'ont inspiré, je l'avoue, une grande vénération pour les quakers. (*Note du Traducteur.*)

(2) Petite ville à quatre milles de Philadelphie. Elle a été bâtie par une colonie allemande, ainsi que l'indique son nom. (*Note du Traducteur.*)

(3) Les héritiers Penn.

et l'assemblée avoient été long-temps appaisées. Elles se renouvelèrent. Les propriétaires mécontens d'avoir cédé aux habitans, s'efforçoient de recouvrer leurs priviléges; et quoiqu'ils eussent déjà consenti qu'on mît des impôts sur leurs biens, ils vouloient qu'ils en fussent encore exempts.

En 1763, l'assemblée adopta un bill concernant les milices. Le gouverneur refusa d'y donner son assentiment, à moins que l'assemblée n'y fît quelques changemens qu'il proposa. Ces changemens consistoient en une augmentation d'amende, en certains cas, et en une substitution de la peine de mort à l'amende, en quelques autres. Il vouloit aussi que les officiers fussent nommés par lui seul, et non élus par le peuple, comme le portoit le bill. Mais l'assemblée considéra ces changemens comme contraires à la liberté. Elle ne voulut point y souscrire. Le gouverneur s'opiniâtra ; le bill resta sans effet.

Cette circonstance et beaucoup d'autres du même genre, furent cause que la mésintelligence qui subsistoit entre les propriétaires et l'assemblée, s'accrut à un tel point, qu'en 1764, l'assemblée résolut de présenter au roi une pétition, pour le prier de changer le gouvernement *propriétaire* en un gouvernement *royal*.

Il y eut beaucoup d'opposition à cette mesure, non-seulement dans l'assemblée, mais dans les papiers publics. On publia un discours de M. Dickenson (1), sur ce sujet, avec une préface du docteur Smith, qui s'efforça de montrer combien la démarche proposée étoit déplacée et impolitique.

M. Galloway fit imprimer un discours en réponse à celui de M. Dickenson; et Franklin y mit une préface, dans laquelle il combattit victorieusement les principes de celle de Smith. Cependant, l'adresse au roi n'eut aucun effet; le gouvernement propriétaire continua.

Lorsque vers la fin de l'année 1764, on fit les élections pour le renouvellement

(1) Auteur des fameuses *Lettres d'un Fermier de Pensylvanie.*

de l'assemblée, les partisans de la famille des Penn, firent tous leurs efforts pour exclure ceux qui leur étoient opposés, et ils obtinrent une petite majorité dans la ville de Philadelphie. Franklin perdit alors la place qu'il avoit occupée quatorze ans de suite dans l'assemblée. Mais ses amis y conservoient encore une prépondérance décidée. Ils le firent nommer, sur-le-champ, agent-général de la province; et le parti opposé en fut si mécontent, qu'il protesta contre sa nomination. Mais la protestation ne fut point inscrite sur le registre, parce qu'elle étoit trop tardive. On la fit insérer dans les papiers publics; et avant de s'embarquer pour l'Angleterre, il y répondit d'une manière ingénieuse et piquante.

On connoît les troubles que produisit, en Amérique, l'acte du timbre, présenté par le ministre Grenville (1), et les

(1) Dans un discours que prononça, le 15 mai 1777, dans la chambre des communes, Charles Jenkinson, devenu comte de Liverpool, il déclara que l'acte du timbre n'étoit point de l'invention

oppositions qu'il y rencontra. Lorsque le marquis de Rockingham parvint au ministère, on crut devoir chercher à calmer les colons, et on pensa qu'un des meilleurs moyens d'y réussir, étoit la révocation de l'acte odieux. Pour savoir comment le peuple américain étoit disposé à se soumettre à cette loi, la chambre des communes fit venir Franklin à sa barre. Les réponses qu'il y fit, ont été publiées; et elles sont une preuve frappante de l'étendue, de la justesse de ses connoissances. et de la facilité avec laquelle il s'exprimoit.

Il présenta les faits avec tant de force, que tous ceux qui n'étoient pas aveuglés par leurs préventions, virent aisément combien l'acte du timbre étoit dangereux. Malgré quelqu'opposition, cet acte fut donc révoqué une année après qu'il eut passé, et avant d'avoir été mis à exécution.

En 1766, Franklin voyagea en Hollande

de M. Grenville. On a su depuis que l'idée en étoit due à quelques Américains réfugiés en Angleterre, et mécontens de leur patrie. (*Note du Traducteur.*)

et en Allemagne, et il y reçut les plus grandes marques d'attention de la part de tous les savans. Observateur constant, il apprit des matelots, en traversant la Hollande, que l'effet d'une diminution d'eau dans les canaux, étoit de ralentir nécessairement la marche des yachts. A son retour en Angleterre, il fit un grand nombre d'expériences, qui toutes lui confirmèrent cette observation. Il adressa ensuite à sir John Pringle, son ami, une lettre qui contenoit le détail de ces expériences et l'explication du phénomène. Cette lettre se trouve dans le volume de ses œuvres philosophiques.

L'année suivante (1), il se rendit en France, où il ne fut pas accueilli d'une manière moins distinguée, qu'il ne l'avoit été en Allemagne. Il fut présenté à plusieurs hommes de lettres célèbres, ainsi qu'au monarque qui régnoit alors (2).

Il tomba entre les mains de Franklin diverses lettres adressées par Hutchinson,

(1) En 1767.
(2) Louis XV.

Oliver (1) et quelques autres, à des personnes qui occupoient des places éminentes en Angleterre. Ces lettres contenoient les plus violentes invectives contre les principaux habitans de la province de Massachusett, et invitoient les ministres à employer des moyens vigoureux pour forcer le peuple à leur obéir. Franklin transmit ces lettres à l'assemblée générale de Massachusett, qui les publia. On en fit passer aussi en Angleterre, des copies certifiées, avec une adresse au roi, pour le prier de rappeler des hommes qui étoient devenus odieux au peuple, en se montrant si indignement opposés à ses intérêts.

La publication de ces lettres occasionna un duel entre M. Temple et M. Whately (2), qui, tous deux, étoient

(1) Thomas Hutchinson étoit gouverneur de la province de Massachusett, et Andrew Oliver, sous-gouverneur. (*Note du Traducteur.*)

(2) Les lettres étoient adressées à Thomas Whately, secrétaire de la trésorerie, sous le ministère de G. Grenville, et le duel eut lieu

soupçonnés de les avoir procurées aux Américains. Franklin voulant prévenir de nouvelles querelles à ce sujet, déclara, dans une des gazettes de Londres, qu'il avoit lui-même envoyé les lettres en Amérique, mais qu'il ne diroit jamais de quelle manière il les avoit eues. En effet, on ne l'a jamais découvert.

Bientôt après, l'adresse de l'assemblée de Massachusett fut examinée devant le conseil-privé. Franklin s'y rendit en qualité d'agent de l'assemblée ; et se vit accabler d'un torrent d'injures, par le solliciteur-général, qui servoit de défenseur à Oliver et à Hutchinson. L'adresse fut déclarée inique et scandaleuse, et la demande qu'elle contenoit, fut rejetée.

Le parlement de la Grande-Bretagne avoit, il est vrai, révoqué l'acte du timbre ; mais c'étoit sous prétexte que la révocation en étoit nécessaire. Il n'en

eu're William Whately, frère du premier, et John Temple, américain. Ils commencèrent par se battre au pistolet, après quoi ils mirent l'épée à la main. William Whately reçut cinq blessures. (*Note du Traducteur.*)

prétendoit pas moins avoir le droit de taxer les colonies; et dans le même-temps où il révoqua l'acte du timbre, il en promulgua un autre, par lequel il déclaroit que, dans tous les cas, il avoit le droit de faire des loix pour les colonies, et de les contraindre à y obéir. Ce langage étoit celui des membres du parlement les plus opposés à l'acte du timbre, et entr'autres, de M. Pitt.

Les colons ne reconnurent jamais ce droit de contrainte : mais comme ils se flattoient qu'on ne l'exerceroit pas, ils n'étoient pas très-ardens à le combattre. Si les Anglais n'avoient pas eu la prétention de le faire valoir, les Américains auroient volontiers continué à fournir leur part des subsides, de la manière dont ils avoient coutume de le faire; c'est-à-dire, d'après des décrets de leurs propres assemblées, rendus sur la demande du secrétaire-d'état.

Si cet usage eût été maintenu, les colonies de l'Amérique septentrionale étoient si bien disposées pour la métropole, que malgré les désavantages que leur fesoit éprouver les entraves mises à leur commerce, et toute la faveur accordée à celui des Anglais, une séparation entre les deux pays eût, sans doute, été encore très-éloignée. Les Américains étoient, dès leur enfance, instruits à révérer un peuple dont ils descendoient, et dont les loix, les mœurs, le langage, étoient les leurs. Ils le regardoient comme un modèle de perfection ; et leurs préjugés à cet égard étoient si grands, que les peuples les plus éclairés de l'Europe leur paroissoient des barbares auprès des Anglais. Le seul nom d'Anglais portoit dans l'ame des Américains, l'idée d'un être grand et bon. Tels étoient les sentimens qu'on leur inspiroit de bonne heure. Il ne falloit donc rien moins que des traitemens injustes, long-temps répétés, pour les faire songer à rompre les liens qui les attachoient à l'Angleterre.

Mais les impôts mis sur le verre, sur le papier ; sur les cuirs, sur les matières propres à faire des couleurs, sur le thé et sur plusieurs autres articles; les franchises enlevées à quelques colonies; l'opposition des gouverneurs aux mesures législatives de quelques autres; l'accueil dédaigneux qu'éprouvoient auprès du trône les humbles remontrances, dans lesquelles elles demandoient le redressement de leurs griefs, et beaucoup d'actes violens et oppressifs, excitèrent enfin un ardent esprit d'insurrection. Au lieu de songer à l'appaiser, par une conduite plus modérée et plus juste, les ministres anglais parurent fermement décidés à exiger des colonies l'obéissance la plus servile. Leur imprudence ne servit qu'à faire empirer le mal. Ce fut en vain qu'on s'efforça de les faire renoncer à leurs desseins, en leur représentant que l'exécution en étoit impossible, et que les conséquences en deviendroient funestes à l'Angleterre. Ils persistèrent à les suivre avec une opiniâtreté dont l'histoire fournit peu d'exemples (1).

(1) Cet exemple se renouvelle de nos jours; et c'est un ministre anglais qui le donne. William

La conservation des colonies de l'Amérique septentrionale étoit si avantageuse à l'Angleterre, qu'il falloit avoir un entêtement extravagant pour continuer à employer des moyens propres à donner à leurs habitans l'idée de se séparer d'elle. Quand nous considérons les grands progrès qu'on a faits dans la science du gouvernement, l'extension des principes de liberté parmi les peuples de l'Europe, les effets qu'ils ont déjà produits en France, ceux qu'ils auront probablement ailleurs (1), et que nous voyons que tout cela est dû à la révolution d'Amérique, nous ne pouvons nous empêcher de trouver étrange que des évènemens, qui peuvent avoir une si grande influence sur le bonheur du genre-humain, aient été occasionnés par la perversité ou l'ignorance du cabinet de Londres.

Franklin ne négligea rien pour engager Pitt s'opiniâtre à faire la guerre à la France, contre la volonté de presque tout le peuple anglais. (*Note du Traducteur.*)

(1) Cette prophétie, faite il y a cinq ans, est en partie accomplie. (*Note du Traducteur.*)

les ministres anglais à prendre d'autres mesures. Et dans des entretiens particuliers, qu'il eut avec plusieurs chefs du gouvernement, et dans les lettres qu'il leur écrivit, il leur démontra combien leur conduite, à l'égard des Américains, étoit injuste et dangereuse. Il leur déclara que malgré l'attachement des colons pour la métropole, les mauvais traitemens, qu'on leur fesoit éprouver, finiroient par les aliéner. On n'écouta point cet avis. Les ministres suivirent aveuglément leur plan, et mirent les colons dans l'alternative d'opter entre la soumission absolue ou l'insurrection.

En 1775, Franklin voyant que tous ses efforts, pour rétablir l'harmonie entre les colonies et la Grande-Bretagne, étoient inutiles, retourna en Amérique. Il trouva que les hostilités avoient déjà commencé. Le lendemain de son arrivée, il fut élu, par l'assemblée de Pensylvanie, membre du congrès des États-Unis. Peu de temps après on le chargea, ainsi que M. Lynch et M. Harrison, d'aller visiter le camp de Cambridge, et de se concilier avec le commandant en chef, pour tâcher de persuader aux troupes, qu'il étoit nécessaire qu'elles renouvelassent leur enrôlement, dont le terme devoit bientôt expirer; et qu'elles persévérassent à défendre leur pays.

Vers la fin de la même année, il se rendit en Canada, pour proposer aux habitans d'embrasser, avec les autres colons, la cause de la liberté. Mais il ne put les engager à s'opposer aux mesures du gouvernement britannique. M. le Roy dit, dans une lettre écrite à ce sujet, que le mauvais succès de la négociation de Franklin fut, en grande partie, occasionné par la différence des opinions religieuses, et le ressentiment que conservoient les Canadiens, de ce que leurs voisins avoient plusieurs fois brûlé leurs églises.

Lorsqu'en 1776, lord Howe (1) passa

(1) Lord Howe commandoit la flotte, et le chevalier Howe, son frère, l'armée anglaise. Ils avoient, en même temps, le titre de commissaires-pacificateurs. (*Note du Traducteur.*)

en Amérique, avec le pouvoir de traiter avec les colons. Il écrivit à Franklin, pour l'engager à effectuer une réconciliation (1). Franklin fut nommé, avec John Adams et Édouard Rutledge, pour se rendre auprès des commissaires et savoir jusqu'où s'étendoient leurs pouvoirs. Il apprit que ces pouvoirs se bornoient à pardonner aux colons soumis. De pareilles conditions ne convenoient point aux Américains : les commissaires ne purent remplir leur mission.

L'importante question de l'indépendance des Américains fut bientôt agitée; et c'étoit en présence des armées et des flottes formidables, destinées à les soumettre. Avec des troupes nombreuses, il est vrai, mais sans discipline, et ignorant absolument l'art de la guerre, sans argent, sans escadres, sans alliés, n'ayant presque pour appui que le seul amour de la liberté, les Américains se déterminèrent à se séparer d'une mère-patrie,

(1) Sa lettre et la réponse de Franklin seront imprimées dans le deuxième volume de ce recueil.

qui leur avoit fait subir une longue suite de vexations et d'outrages. Lorsqu'on proposa cette mesure hardie, Franklin fut un des premiers à l'adopter, et son opinion entraîna beaucoup d'autres membres du congrès.

L'esprit du peuple avoit été déjà préparé à cet évènement par le célèbre pamphlet de Thomas Paine, intitulé : *Le Sens Commun*. Il y a lieu de croire que Franklin eut beaucoup de part à cet ouvrage, ou du moins, qu'il fournit des matériaux à l'auteur.

Franklin fut élu président de la convention, qui s'assembla en 1776, à Philadelphie, pour établir une nouvelle forme de gouvernement. La constitution actuelle de l'état de Pensylvanie, fut le résultat des travaux de cette assemblée, et peut être considérée comme le fruit des principes politiques de Franklin. L'unité législative et la pluralité exécutive semblent avoir été ses maximes favorites.

Vers la fin de la même année 1776,

Franklin fut choisi pour aller suivre les négociations, entamées par Silas Deane à la cour de France. La certitude des avantages que la France pouvoit retirer d'un traité de commerce avec l'Amérique, et le désir d'affoiblir l'empire britannique, en le démembrant, étoient de puissans motifs pour engager le gouvernement français à prêter l'oreille aux propositions d'alliance avec les Américains. Mais il montroit pourtant une répugnance, que firent cesser, et l'adresse de Franklin, et sur-tout le succès des armes américaines contre le général Burgoyne (1). En 1778, on conclut un traité d'alliance offensive et défensive, et, en conséquence, la France déclara la guerre à l'Angleterre.

Personne, peut-être, n'étoit aussi en état que Franklin, de servir essentiellement les Américains, auprès de la cour

---

(1) A Saratoga, où les généraux américains Arnold et Gates, le forcèrent de se rendre prisonnier de guerre avec son armée. La trahison d'Arnold a terni, depuis, la gloire qu'il acquit par cette belle action. (*Note du Traducteur.*)

de France. Ses découvertes, ses talens y étoient connus, et on y avoit la plus profonde estime pour son caractère. Il fut accueilli avec les plus grandes marques de respect par tous les gens de lettres de Paris, et, en général, par tous les Français. Cela lui donna bientôt une grande influence, qui, avec divers ouvrages qu'il publia, contribua à établir le crédit et l'importance des États-Unis. C'est à ses soins qu'on doit attribuer, en grande partie, le succès des emprunts, négociés en Hollande et en France, emprunts, qui ont si heureusement décidé le sort de la guerre.

Le triste succès des armes britanniques, et sur-tout la prise de lord Cornwalis et de son armée, convainquirent enfin les Anglais de l'impossibilité de subjuguer les Américains. Les négocians demandoient la paix à grands cris. Le ministère sentit qu'il ne pouvoit plus long-temps s'opposer à leurs vœux. Les préliminaires furent signés à Paris, le 30 novembre 1782, par M. Oswald, qui traitoit pour l'Angleterre; et par MM. Franklin, Adams, Jay et Laurens, au nom des États-Unis d'Amérique. Ces préliminaires formoient la base du traité définitif, qui fut conclu le 3 septembre 1783, et signé par M. David Hartley d'une part, et par MM. Franklin, Adams et Jay de l'autre.

Le 3 avril 1783, un traité d'amitié et de commerce entre les États-Unis et la Suède, fut conclu à Paris, par Franklin et le comte de Krutz.

Un pareil traité fut conclu avec la Prusse en 1785, quelque temps avant que Franklin abandonnât l'Europe.

Les affaires politiques n'étoient pas l'unique objet des occupations de Franklin. Quelques-uns de ses ouvrages philosophiques furent publiés à Paris. Leur but étoit, en général, de faire sentir les avantages de l'industrie et de l'économie.

Lorsqu'en 1784, le magnétisme animal occupoit beaucoup les esprits en Europe et sur-tout à Paris, on le crut d'une telle importance, que le roi nomma des commissaires pour examiner les fondemens de cette science prétendue. Franklin fut un de ces commissaires. Après avoir observé un grand nombre des expériences de Mesmer, et dont quelques-unes étoient faites sur eux-mêmes, ils décidèrent que ce n'étoit qu'un charlatanisme, inventé pour en imposer à des gens ignorans et crédules : Mesmer fut ainsi arrêté au milieu de la carrière par laquelle il croyoit arriver à la fortune et à la gloire ; et l'un des plus insolens moyens, dont on se soit servi pour se jouer des hommes, fut anéanti.

Franklin ayant rempli le principal objet de sa mission, en coopérant à l'établissement de l'indépendance américaine, et commençant à sentir les infirmités de l'âge, désira de revoir son pays natal. Il demanda son rappel au congrès, et l'obtint. M. Jefferson partit pour aller le remplacer, en 1785; et au mois de septembre de la même année, Franklin retourna à Philadelphie. Au bout de quelque temps, il fut nommé membre du conseil suprême exécutif de cette ville, et bientôt après, il en fut élu président.

En 1787, on forma une convention pour reviser, corriger les articles de la confédération, et donner plus d'énergie au gouvernement des États-Unis. Elle se rassembla à Philadelphie. Franklin fut nommé l'un des délégués des Pensylvaniens. Il signa la constitution, proposée pour cimenter l'union, et y donna son approbation dans les termes les moins équivoques.

Il s'établit alors, à Philadelphie, une société destinée à s'occuper des recherches politiques. Elle choisit Franklin pour son président, et tint ses séances chez lui. Deux ou trois essais, lus dans cette société, ont été publiés : mais elle n'a pas existé long-temps.

En 1787, il se forma, à Philadelphie, deux autres sociétés, fondées sur les principes de l'humanité la plus noble et la plus généreuse. L'une étoit la *Société Philadelphienne, pour le soulagement des prisonniers*; et l'autre, la *Société Pensylvanienne*, dont l'objet est de travailler à l'abolition de l'esclavage, de secourir les nègres naturellement libres et retenus dans la servitude, et d'améliorer la condition des Africains. — Franklin étoit président de ces deux sociétés. Leurs travaux ont déjà eu beaucoup de succès, et elles continuent de marcher avec une ardeur infatigable vers le but de leur institution.

Les infirmités de Franklin augmentant, il lui devint impossible d'assister régulièrement au conseil; et en 1788, il renonça totalement aux affaires publiques.

Son tempérament étoit très-robuste. Il n'étoit sujet à presqu'aucune maladie, excepté quelques accès de goutte, qui le tourmentoient de temps en temps, et qui cessèrent en 1781, époque où il fut attaqué de la pierre, dont il s'est ressenti le reste de sa vie. Dans les intervalles de cette cruelle maladie, il passoit beaucoup d'heures agréables, en se livrant à une conversation gaie et instructive. Ni son esprit, ni ses organes ne parurent affoiblis jusques au moment de sa mort.

En qualité de président de la société pour l'abolition de l'esclavage, il signa le mémoire, présenté le 12 mai 1789 au congrès des États-Unis de l'Amérique, pour le prier d'employer tout son pouvoir constitutionnel à diminuer le trafic de l'espèce humaine. Ce fut le dernier acte public de Franklin.

Dans les débats qu'occasionna ce mémoire, on tenta de justifier la traite des nègres. Franklin fit insérer dans la gazette fédérative, du 25 mars, un morceau signé *Historicus*, et il y rapporta un discours, qu'il dit avoir été prononcé dans le divan d'Alger, en 1787, à l'occasion d'une pétition présentée par la secte des *Erika*, pour demander l'abolition de la piraterie et de l'esclavage. Ce prétendu discours algérien est une excellente parodie de ce qu'avoit dit un représentant de la Georgie, nommé *Jackson*. Tous les argumens en faveur de l'esclavage des nègres, y sont ingénieusement appliqués à la justification des pirates qui enlèvent les vaisseaux des Européens et les réduisent eux-mêmes à l'esclavage. Il démontre, en même-temps, la futilité des raisonnemens dont on se sert pour défendre la traite des nègres; et il fait voir combien l'auteur avoit encore de force d'esprit et de talent à l'age avancé où il étoit. Enfin, il n'offre pas une preuve moins convaincante de la facilité avec laquelle Franklin imitoit le style des anciens temps et des nations étrangères, que sa fameuse parabole contre la persécution; et de même que cette parabole a engagé plusieurs personnes à la chercher dans la bible, le discours algérien a été cause que des curieux ont cherché dans diverses bibliothèques, l'ouvrage d'où l'on disoit qu'il étoit tiré (1).

Au commencement du mois d'avril suivant, il fut attaqué d'une fièvre et d'une douleur de poitrine, qui mirent un terme à sa vie. Nous allons transcrire les observations qu'a faites sur sa ma-

(1) Ce discours sera imprimé dans le deuxième volume de ce recueil.

ladie, le docteur Jones, son médecin et son ami.

« La pierre dont il étoit attaqué de-
» puis long-temps, l'obligea, pendant la
» dernière année de sa vie, à garder
» presque toujours le lit; et dans les
» derniers paroxismes de cette cruelle
» maladie, il falloit qu'il prît de fortes
» doses de *laudanum* pour calmer ses
» souffrances. Cependant, dans les in-
» tervalles de repos, non-seulement il
» s'amusoit à lire et à converser gaiement
» avec sa famille, et avec quelques amis
» qui lui rendoient visite, mais il s'oc-
» cupoit d'affaires publiques et particu-
» lières, avec diverses personnes qui
» venoient le consulter. Il montroit en-
» core ce désir de faire le bien, cet
» empressement à obliger, qui le dis-
» tinguoient dès long-temps. Il conservoit
» éminemment ses facultés intellectuelles
» et il aimoit encore à dire des plaisan-
» teries, et à raconter des anecdotes qui
» fesoient un plaisir extrême à tous ceux
» qui les entendoient.

» Environ seize jours avant sa mort,
» il eut des atteintes de fièvre, mais
» sans aucun symptôme caractéristique.
» Ce ne fut que le troisième ou qua-
» trième jour qu'il se plaignit d'une
» douleur dans le côté gauche de la
» poitrine, douleur qui s'accrut, devint
» extrêmement vive, et fut suivie d'une
» toux et d'une respiration pénible.
» Quand il fut dans cet état, et que
» l'excès de sa souffrance lui arrachoit
» quelques plaintes, il disoit : — Qu'il
» craignoit bien de ne pas les supporter
» comme il le devoit; qu'il savoit com-
» bien l'Être-Suprême avoit versé de
» bienfaits sur lui, en l'élevant de l'ob-
» scurité, dans laquelle il étoit né, au
» rang et à la considération dont il
» jouissoit parmi les hommes; et qu'il
» ne doutoit pas que les douleurs qu'il
» lui envoyoit en ce moment, ne fussent
» destinées à le dégoûter d'un monde,
» où il n'étoit plus capable de remplir
» le poste qui lui avoit été assigné.
» Il resta dans cet état jusqu'au cin-

» quième jour qui précéda sa mort. Alors
» sa douleur et sa difficulté de respirer
» l'abandonnèrent entièrement. Sa fa-
» mille se flatta qu'il guériroit : mais un
» abcès qui s'étoit formé dans le poumon,
» creva tout-à-coup, et rendit une grande
» quantité de matière que le malade con-
» tinua à cracher tant qu'il eut quelque
» force. Aussitôt qu'il cessa de pouvoir
» rejeter cette matière, les organes de
» la respiration s'affoiblirent par degrés.
» Il éprouva un calme léthargique ; et
» il expira tranquillement le 17 avril
» 1790, à onze heures du soir. Il avoit
» vécu quatre-vingt-quatre ans et trois
» mois.

» Peut-être n'est-il pas inutile d'ob-
» server qu'en l'année 1735, Franklin
» eut une dangereuse pleurésie, qui se
» termina par un abcès au côté gauche
» de ses poumons, et il fut alors pres-
» que suffoqué par la quantité de ma-
» tière qu'il rendit. Quelques années
» après, il essuya encore une maladie
» pareille : mais il en guérit promptement

» et sa respiration ne s'en ressentit
» point. »

Plusieurs années avant sa mort, il composa lui-même son épitaphe. La voici :

LE CORPS
de
Benjamin Franklin, imprimeur,
comme la couverture d'un vieux livre,
dont les feuillets sont arrachés,
et la dorure et le titre effacés,
gît ici, et est la pâture des vers.
Cependant, l'ouvrage même ne sera point perdu,
car il doit, comme il le croyoit, reparoître encore
une fois,
dans une nouvelle
et plus belle édition,
revue et corrigée
par
l'auteur.

EXTRAIT *du Testament de* BENJAMIN FRANKLIN.

...Quant à mes livres, ceux que j'avois en France, et ceux que j'avois laissés à Philadelphie étant maintenant tous rassemblés ici, et le catalogue en étant fait, mon intention est d'en disposer de la manière suivante.

Je lègue à la société philosophique de Philadelphie, dont j'ai l'honneur d'être président, l'*Histoire de l'académie des sciences*, en soixante ou soixante-dix volumes *in-*4°. — Je donne à la société philosophique américaine qui est établie à la Nouvelle-Angleterre, et dont je suis membre, la collection *in-folio* des *Arts et Métiers*. L'édition *in-*4°. du même ouvrage sera remise de ma part à la compagnie de la bibliothèque de Philadelphie. — Je donne à mon petit-fils Benjamin Franklin Bache, tous ceux de mes livres, à côté desquels j'ai mis son nom dans le catalogue ci-dessus mentionné; et à mon petit-fils William Bache, tous ceux auxquels son nom sera également ajouté. Ceux qui seront désignés avec le nom de mon cousin Jonatham Williams, seront donnés à ce parent. — Je lègue à mon petit-fils, William Temple Franklin, le reste de mes livres, mes manuscrits et mes papiers. — Je donne à mon petit-fils, Benjamin Franklin Bache, mes droits dans la compagnie de la bibliothèque de Philadelphie, ne doutant pas qu'il ne permette à ses frères et à ses sœurs d'en jouir comme lui.

Je suis né à Boston, dans la Nouvelle-Angleterre, et je dois mes premières connoissances en littérature aux libres écoles de grammaire qui y sont établies. C'est pourquoi je laisse à mes exécuteurs testamentaires, cent livres sterlings, pour qu'elles soient remises, par eux, ou par ceux qui les remplaceront, aux directeurs des libres écoles de ma ville natale. J'entends que les directeurs, ou les personnes qui ont la surintendance des écoles mettent cette somme à intérêt,

térêt perpétuel, afin de l'employer tous les ans à faire frapper des médailles d'argent, qui seront distribuées aux élèves pour leur servir de récompense et d'encouragement; et cela de la manière que les notables de la ville de Boston jugeront convenable.

Je charge mes exécuteurs testamentaires, ou leurs successeurs, de prélever sur les honoraires qui me sont redus, comme président de l'état de Pensylvanie, deux mille livres sterlings, et de les compter aux personnes, qu'un acte de la législature nommera pour les recevoir en dépôt, afin qu'elles soient employées à rendre le Skuylkil navigable.

Tandis que j'ai été marchand de papier, imprimeur et directeur de la poste, j'ai fait crédit à beaucoup de personnes, pour des livres, des insertions d'avis, des ports de lettres et d'autres objets pareils. L'assemblée de Pensylvanie m'ayant fait partir en 1757 pour aller être son agent en Angleterre, où j'ai rempli ce poste jusqu'en 1775, et à

Tome I.

mon retour, étant immédiatement occupé des affaires du congrès, et envoyé en France en 1776, où j'ai séjourné neuf ans, je n'ai pu réclamer les sommes ci-dessus que depuis mon retour en 1785; et ce sont, en quelque sorte, des créances surannées, quoique justes. Cependant elles se trouvent détaillées dans mon grand livre, coté E; et je les lègue aux administrateurs de l'hôpital de Pensylvanie, espérant que les débiteurs, ou leurs successeurs, qui font à présent quelque difficulté d'acquitter ces dettes, parce qu'ils les croient trop anciennes, voudront pourtant bien en compter le montant, comme une charité, en faveur de l'excellente institution de l'hôpital.—
Je suis persuadé que plusieurs de ces dettes seront inévitablement perdues : mais je me flatte qu'on en recouvrera beaucoup. Il est possible aussi que quelques-uns des débiteurs, ayent à réclamer de moi le montant d'anciens comptes. En ce cas, les administrateurs de l'hôpital voudront bien en faire la déduction, et

en payer la solde, si c'est moi qui la dois.

Je prie mes amis Henry Hyll, John Jay, Francis Hopkinson et M. Edward Duffield, de Bonfield dans le comté de Pensylvanie, d'être les exécuteurs de mes dernières volontés; c'est pourquoi je les nomme dans le présent testament.

Je désire d'être enterré, avec le moins de dépense et de cérémonie qu'il sera possible.

A Philadelphie, le 17 juillet 1788.

B. FRANKLIN.

CODICILE.

Moi, Benjamin Franklin, après avoir considéré le testament précédent, ou ci-joint, je crois à propos d'y ajouter le présent codicile.

L'un de mes anciens et invariables principes politiques, est que, dans un état démocratique, il ne doit point y avoir d'emploi lucratif, par les raisons détaillées dans un article que j'ai rédigé dans notre constitution ; et lorsque j'ai accepté la place de président, mon intention a été d'en consacrer les honoraires à l'utilité publique. En conséquence, j'ai déjà légué, par mon testament du mois de juillet dernier, des sommes considérables aux colléges, et pour construire des églises. J'ai, de plus, donné deux mille livres sterling à l'état de Pensylvanie, pour être employées à rendre le Skuylkil navigable. Mais apprenant depuis, que cette somme est très-insuffisante pour un pareil ouvrage, et que vraisemblablement l'entreprise n'aura pas lieu de long-temps, j'ai conçu une autre idée, que je crois d'une utilité plus étendue. Je révoque donc et annulle le legs qui devoit servir aux travaux du Skuylkil ; et je désire qu'une partie des certificats, que j'ai pour ce qui m'est redû de mes honoraires de président, soit vendue pour produire deux mille livres sterling, dont on disposera, comme je vais l'expliquer.

L'on pense que celui qui reçoit un bien de ses ancêtres, est, en quelque sorte, obligé de le transmettre à ses descendans. Certes, je ne suis point dans cette obligation, moi, à qui mes ancêtres ni aucun de mes parens n'ont jamais laissé un schelling d'héritage. J'observe ceci, pour que ma famille ne trouve pas mauvais que je fasse quelques legs, qui ne sont pas uniquement à son profit.

Né à Boston, dans la Nouvelle-Angleterre, je dois mes premières connoissances en littérature aux libres écoles de grammaire de cette ville : aussi ne les ai-je point oubliées dans mon testament.

Mais j'ai également des obligations à l'état de Massachusett, qui, sans que je l'aie demandé, m'a nommé son agent, pendant plusieurs années, et m'a accordé en conséquence des honoraires assez considérables. Quoiqu'en servant cet état, et en lui transmettant les lettres du gouverneur Hutchinson, j'aie perdu plus qu'il ne m'a jamais donné, je ne pense pas lui devoir moins de reconnoissance.

J'ai observé que parmi les artisans, les bons apprentis devenoient ordinairement de bons citoyens. J'ai moi-même, dans ma ville natale, commencé par apprendre le métier d'imprimeur; et ensuite j'ai eu la facilité de m'établir à Philadelphie, parce que deux amis m'ont prêté de l'argent, qui a été la base de ma fortune, et la cause de tout ce que j'ai pu faire d'utile dans le cours de ma vie. — Je désire de pouvoir être encore de quelqu'utilité après ma mort, en formant et soutenant des jeunes gens, qui rendent service à leur pays, dans les deux villes que je viens de nommer.

Je donne donc en dépôt mille livres sterlings aux habitans de Boston, dans l'état de Massachusett, et mille livres sterlings à ceux de Philadelphie, afin que ces sommes soient employées de la manière suivante.

Si les habitans de Boston acceptent les mille livres sterlings, elles seront confiées aux élus de cette ville et aux ministres de l'ancienne congrégation épiscopale et presbytérienne; et ces administrateurs en feront des prêts à cinq pour cent d'intérêt par an, à de jeunes artisans mariés, lesquels seront âgés de vingt-cinq ans, et auront appris leur métier dans la ville, et rempli fidèlement les obligations spécifiées dans leur contrat d'apprentissage, de manière à mériter qu'au moins deux citoyens respectables répondent de l'honnêteté de leur caractère, et leur servent de caution, pour le paiement de la somme qu'on leur prêtera, ainsi que des intérêts, avec les conditions ci-après spécifiées.

Le montant de tous les billets sera payable en piastres espagnoles cordonnées, ou en monnoie d'or courante; et les administrateurs tiendront un livre, ou des livres, où seront inscrits les noms de ceux qui profiteront de l'avantage de cette institution, ainsi que les noms de ceux qui leur serviront de caution, avec les sommes qui leur seront prêtées, les dates et tout ce qui y aura rapport. Comme ces prêts sont destinés à faciliter l'établissement des jeunes ouvriers qui se marieront, il faut que les administrateurs ne prêtent à une même personne ni plus de soixante livres sterlings, ni moins de quinze.

Et si le nombre de ceux qui feront des demandes étoit si considérable, que le legs ne suffit pas pour donner à tous ce qui leur seroit nécessaire, on fera une diminution générale, pour que chacun reçoive quelque secours.

Ces secours seront d'abord de peu de conséquence ; mais à mesure que le capital grossira par l'accumulation des intérêts, ils deviendront plus considérables. Afin qu'on les multiplie, autant qu'il sera possible, et qu'on en rende le remboursement plus aisé, il faut que chaque emprunteur soit obligé de payer avec l'intérêt annuel, un dixième du principal ; et le montant de cet intérêt et de ce principal sera prêté à de nouveaux emprunteurs.

Il est à croire qu'il y aura toujours à Boston des citoyens vertueux et bienfaisans, qui s'empresseront de consacrer une partie de leur temps à l'utilité publique, en administrant gratuitement cette institution. On doit aussi espérer qu'aucune partie de la somme ne restera jamais oisive, ni ne sera employée à d'autre objet que celui de sa destination première ; mais bien qu'elle augmentera continuellement. Ainsi, il viendra un temps où elle sera plus considérable qu'il ne le faudra pour Boston ; et alors, on pourra en prêter aux autres villes de l'état de Massachusett, pourvu qu'elles s'engagent à payer ponctuellement les intérêts, et à rembourser, chaque année, un dixième du principal aux habitans de Boston.

Si ce plan est exécuté et réussit, la somme s'élevera, au bout de cent ans, à cent trente-un mille livres sterlings. Je désire qu'alors les administrateurs de la donation emploient cent mille livres sterlings à faire construire les ouvrages publics qu'on croira les plus généralement utiles, comme des fortifications, des ponts, des aqueducs, des bains publics ; à paver les rues, et à tout ce qui peut rendre le séjour de la ville plus agréable aux habitans et aux étrangers qui viendront pour y rétablir leur santé, ou y passer quelque temps.

Je désire que les autres trente-un mille livres sterlings, soient prêtées à intérêt, de la manière ci-dessus prescrite, pendant cent ans encore; et j'espère qu'alors cette institution aura heureusement influé sur la conduite de la jeunesse, et aidé plusieurs estimables et utiles citoyens.

A la fin de ce second terme, s'il n'est arrivé aucun accident, la somme s'élevera à quatre millions soixante-un mille livres sterlings, dont je laisse un million soixante-un mille livres sterlings à la disposition des habitans de Boston, et trois millions sterlings à la disposition du gouvernement de l'état de Massachusett, car je n'ose pas porter mes vues plus loin.

Je désire qu'on observe, pour le don que je fais aux habitans de Philadelphie, ce que je viens de recommander pour celui qui concerne les habitans de Boston. Il ne doit y avoir qu'une seule différence : c'est que comme Philadelphie a un corps administratif, je le prie de se charger de ma donation, pour en faire l'usage expliqué plus haut; et je lui donne tous les pouvoirs nécessaires à cet égard. — J'ai observé que le sol de la ville étant pavé ou couvert de maisons, la pluie étoit chariée loin, et ne pouvoit point pénétrer dans la terre, et renouveler et purifier les sources, ce qui est cause que l'eau des puits devient chaque jour plus mauvaise, et finira par ne pouvoir plus être bonne à boire, ainsi que je l'ai vu dans toutes les anciennes villes. Je recommande donc qu'au bout de cent ans, le corps administratif emploie une partie des cent mille livres sterlings, à faire conduire à Philadelphie, par le moyen de tuyaux, l'eau de Wissahickon-Creek (1), à moins que cela ne soit déjà fait. L'entreprise est, je crois, aisée, puisque la crique est beaucoup plus élevée que la ville, et qu'on peut y faire monter l'eau encore plus haut, en construisant une digue.

Je recommande aussi de rendre le Skuylkil entièrement navigable. Je dé-

(1) La crique de Wissahickon.

sire que dans deux cents ans, à compter du jour où l'institution commencera, la disposition des quatre millions soixante-un mille livres sterlings soit partagée entre les habitans de Philadelphie et le gouvernement de Pensylvanie, de la même manière que je l'ai indiqué pour les habitans de Boston et le gouvernement de Massachusett.

Je désire que ces institutions commencent un an après ma mort. On aura soin d'en donner publiquement avis avant la fin de l'année, pour que ceux au bénéfice de qui elles sont, aient le temps de faire leurs demandes en forme.— Je désire donc que dans six mois, à compter du jour de mon décès, mes exécuteurs testamentaires, ou leurs successeurs, paient deux mille livres sterlings aux personnes que nommeront les élus de Boston et le corps administratif de Philadelphie, pour recevoir les mille livres sterlings qui reviendront à chacune de ces villes.

Quand je considère les accidens auxquels sont sujets tous les projets et toutes les affaires des hommes, je crains de m'être trop flatté en imaginant que ces dispositions, si tant est qu'elles soient suivies, continuent sans interruption, et remplissent leur objet. Cependant, j'espère que si les habitans de Boston et de Philadelphie, ne jugent pas à propos de se charger de l'exécution de mon projet, ils daigneront, au moins, accepter les donations, comme une marque de mon attachement, de ma gratitude, et du désir que j'ai de leur être utile, même après ma mort.

Certes, je désire que l'une et l'autre entreprennent de former l'établissement que j'ai conçu, parce que je pense que, quoiqu'il puisse s'élever des difficultés imprévues, on peut trouver le moyen de les vaincre, et de rendre le plan praticable.

Si l'une des deux villes accepte le don avec les conditions prescrites, et que l'autre refuse de remplir les conditions, je veux alors que les deux sommes soient données à celle qui aura accepté les conditions, pour que le tout soit appliqué au même objet et de la même manière que je l'ai dit, pour chaque partie. Si les deux villes refusent la somme que je leur offre, elle restera dans la masse de mes biens, et l'on en disposera conformément à mon testament du 17 juillet 1788.

Je lègue au général George Washington, mon ami, et l'ami de l'humanité, le bâton de pommier sauvage dont je me sers pour me promener, et sur lequel il y a une pomme d'or, artistement travaillée, représentant le bonnet de la Liberté. Si ce bâton étoit un sceptre, il conviendroit à Washington, car il l'a mérité.

B. FRANKLIN.

ŒUVRES
MORALES, POLITIQUES
ET LITTÉRAIRES
DE
BENJAMIN FRANKLIN,

DANS LE GENRE DU SPECTATEUR.

SUR LES PERSONNES
QUI SE MARIENT JEUNES.

A JOHN ALLEYNE.

Vous voulez, mon cher John, que je vous dise ma façon de penser sur les personnes qui se marient jeunes, et que je réponde aux critiques sans nombre, que diverses personnes se sont permises sur votre mariage. Vous pouvez vous rappeler que, quand vous me consultâtes à ce sujet, je vous dis que ni d'un côté ni de l'autre, la jeunesse ne devoit être un obstacle. Certes, tous les ménages que j'ai observés, me font penser que les personnes qui se marient jeunes sont plus communément heureuses que les autres.

Les jeunes époux ont toujours un caractère plus flexible et tiennent moins à leurs habitudes, que lorsqu'ils sont plus avancés en âge. Ils s'accoutument plus aisément l'un à l'autre, et par-là, ils préviennent beaucoup de contradictions et de dégoûts. Si la jeunesse manque un peu de cette prudence qui est nécessaire pour conduire un ménage, elle trouve assez de parens et d'amis d'un âge mûr, pour remédier à ce défaut, et elle est plutôt habituée à une vie tranquille et régulière. En se mariant jeune, un homme prévient peut-être très-heureusement, ces accidens, ces liaisons qui auroient pu nuire à sa santé, ou à sa réputation, et quelquefois même à toutes les deux.

Quelques

Quelques personnes peuvent se trouver dans des circonstances où la prudence exige qu'elles diffèrent de se marier : mais en général, quand la nature nous a rendus physiquement propres au mariage, on doit penser qu'elle ne se trompe point en nous le fesant désirer.

Les mariages tardifs sont souvent suivis d'un inconvénient de plus que les autres; c'est que les parens ne vivent pas assez long-temps pour veiller à l'éducation de leurs enfans. — « Les enfans » qui viennent tard, sont de bonne » heure orphelins », dit le proverbe espagnol. Triste sujet de réflexion pour ceux qui peuvent avoir à redouter ce malheur !

Nous autres Américains, nous nous marions ordinairement dès le matin de la vie. Nos enfans sont élevés et établis dans le monde, à midi; et nos affaires, à cet égard, étant achevées, nous avons un après-midi et une soirée de loisir agréable, tel que celui dont jouit à présent notre ami.

En nous mariant de bonne heure, nous avons le bonheur d'avoir un plus grand nombre d'enfans ; et chaque mère, suivant parmi nous, l'usage de nourrir elle-même ses enfans, usage si conforme au vœu de la nature ! nous en conservons davantage. Aussi, dans nos contrées, les progrès de la population sont bien plus rapides qu'en Europe.

Enfin, je suis très-content de vous voir marié, et je vous en félicite cordialement. Vous êtes dans le sentier où l'on devient un citoyen utile ; et vous avez échappé à un état contre nature, à un éternel célibat ! C'est pourtant là le sort d'un grand nombre d'hommes qui ne s'y étoient pas condamnés ; mais qui, ayant trop long-temps différé de changer de condition, trouvent enfin qu'il est trop tard pour y songer, et passent leur vie entière dans une situation où un homme semble toujours valoir beaucoup moins. Un volume dépareillé n'a pas la même valeur que lorsqu'il fait partie d'une collection complète. Quel cas fait-on de la moitié isolée d'une paire de ciseaux ? Elle ne coupe jamais bien, et ne peut servir que de mauvais racloir.

Je vous prie de présenter à votre jeune épouse, et mes complimens et mes vœux pour son bonheur. Je suis vieux et pesant : sans cela, je serois allé les lui présenter moi-même.

Je ne ferai que peu d'usage du privilège qu'ont les vieillards, de donner des avis à leurs jeunes amis. Traitez toujours votre femme avec respect. Cela vous attirera du respect à vous-même, non-seulement de sa part, mais de la part de tous ceux qui seront témoins de votre conduite. Ne vous servez jamais avec elle, d'expression dédaigneuse, même en plaisantant; car les plaisanteries de ce genre finissent souvent par des disputes sérieuses.

Étudiez soigneusement ce qui a rapport à votre profession, et vous deviendrez savant. Soyez laborieux et économe, et vous deviendrez riche. Soyez frugal et tempérant, et vous conserverez votre santé. Pratiquez toujours la vertu, et vous serez heureux. Une telle conduite, du moins, promet plus que toute autre de pareilles conséquences.

Je prie Dieu qu'il vous bénisse, vous et votre jeune épouse ; et je suis pour toujours votre sincère ami.

B. Franklin.

SUR LA MORT DE SON FRÈRE,

JOHN FRANKLIN.

A MISS HUBBARD.

JE le sens comme vous; nous avons perdu un parent cher et estimable. Mais telle est la volonté de Dieu et de la nature; il faut que l'ame abandonne sa dépouille mortelle, pour entrer dans une véritable vie. Elle n'est ici-bas que dans un état imparfait, et pour se préparer à vivre. L'homme n'est complètement né qu'au moment où il meurt. Pourquoi nous affligerions-nous donc de voir un nouveau né parmi les immortels, un nouveau membre ajouté à leur heureuse société ?

C'est un acte de la bienfaisance divine que de nous laisser un corps mortel, tandis qu'il peut nous procurer des jouissances douces, et nous servir à acquérir des connoissances et à faire du bien aux êtres comme nous : mais quand ce corps, cessant d'être propre à remplir ces objets, ne peut que nous faire sentir la douleur, et non le plaisir, nous embarrasse, au lieu de nous être de quelque secours, et ne répond plus à aucune des intentions pour lesquelles il nous étoit donné, c'est également un effet de la bonté céleste, que de nous en délivrer.

Le moyen dont elle s'est servi est la mort. Quelquefois nous nous donnons prudemment nous-même une mort partielle. Nous nous fesons couper un membre douloureusement blessé et hors d'état de guérir. Celui à qui on arrache une dent, s'en sépare volontiers, parce que la douleur s'en va avec elle. Celui qui se sépare de tout son corps, quitte en même-temps toutes les douleurs et les maladies auxquelles il étoit exposé et qui pouvoient le faire souffrir.

Nous avons été invités, notre ami et nous, à une partie de plaisir, qui doit durer à jamais. Sa voiture a été prête avant la nôtre, et il est parti le premier.

Nous ne pouvions pas convenablement nous en aller tous à-la-fois. Et pourquoi, vous et moi, nous affligerions-nous de son départ, puisque nous devons bientôt le suivre, et que nous savons où nous le trouverons ?

Adieu.

B. Franklin.

LETTRE
AU DOCTEUR MATHER,
DE BOSTON.

A Passy, le 12 mai 1784.

Révérend Docteur,

J'ai reçu votre lettre amicale, et votre excellent avis aux habitans des États-Unis. J'ai lu cet avis avec plaisir, et j'espère qu'il aura le succès qu'il mérite. Quoique de pareils écrits soient regardés avec indifférence par beaucoup de gens, il suffit qu'ils fassent une forte impression sur la centième partie des lecteurs, pour que l'effet en soit très-considérable.

Permettez-moi de vous citer un petit exemple, qui, quoiqu'il me concerne, ne sera peut-être pas sans intérêt pour vous. Lorsque j'étois encore enfant, il me tomba sous la main un livre intitulé: *Essais sur la Manière de faire le bien*, ouvrage qui, je crois, étoit de votre père. Le premier possesseur en avoit fait si peu de cas, qu'il y en avoit plusieurs feuillets déchirés. Mais le reste me frappa tellement, que durant toute ma vie, il a influé sur ma conduite. C'est pour cela que j'ai toujours fait beaucoup plus de cas du renom d'homme bienfaisant, que de toute autre espèce de réputation; et si, comme vous paroissez le croire, j'ai été un citoyen utile, le public en doit l'avantage au livre dont je viens de parler.

Vous dites que vous êtes dans votre soixante-dix-huitième année. Je suis dans ma soixante-dix-neuvième. Nous sommes l'un et l'autre devenus vieux. Il y a plus de soixante ans que j'ai quitté Boston: mais je me souviens très-bien de votre père et de votre grand-père. Je les ai entendu prêcher, et je les ai vus chez eux.

La dernière fois que j'ai vu votre père, c'étoit en 1724, lorsque je lui rendis visite après mon premier voyage en Pensylvanie. Il me reçut dans sa bibliothèque;

et quand je pris congé de lui, il m'indiqua un chemin plus court que celui par où j'étois entré. C'étoit un passage étroit, traversé par une poutre peu élevée. Il conversoit avec moi en m'accompagnant, et je me tournois de temps en temps vers lui. Tout-à-coup, il me dit : Baissez-vous ! baissez-vous ! mais je ne le compris pas bien, et ma tête heurta contre la poutre.

Votre père étoit un homme qui ne laissoit jamais échapper l'occasion de donner de bons conseils. Aussi, quand ma tête eût heurté contre la porte, il me dit : — « Vous êtes jeune, et vous allez parcourir le monde. Sachez vous baisser à propos, et vous éviterez beaucoup de mal ». — Cet avis resta au fond de mon cœur, et m'a été souvent utile. Je me le suis rappelé, toutes les fois que j'ai vu l'orgueil humilié, et le malheur des gens qui avoient voulu porter la tête trop haute.

Je désire beaucoup de revoir la ville où je suis né. J'ai quelquefois espéré d'y finir mes jours. — Je la quittai, pour la première fois, en 1723. J'y suis retourné en 1733, 1743, 1753 et 1763. — En 1773, j'étois en Angleterre. En 1775, je passai à la vue de mon pays, mais je ne pus pas y aborder, parce qu'il étoit au pouvoir de l'ennemi. Je voulois y aller en 1783 : mais il ne me fut pas possible d'obtenir ma démission, et de quitter le poste que j'occupe ici. Je crains même de n'avoir jamais ce bonheur. Mes vœux les plus ardens sont cependant pour ma ville natale : *esto perpetua !* Elle possède maintenant une excellente constitution. Puisse-t-elle la conserver à jamais!

Le puissant empire, au milieu duquel je réside, continue d'être l'ami des États-Unis. Son amitié est pour eux de la plus grande importance, et doit être cultivée avec soin. La Grande-Bretagne n'est pas encore consolée d'avoir perdu le pouvoir qu'elle exerçoit sur nous ; et elle se flatte encore par fois de l'espérance de le recouvrer. Des évènemens peuvent accroître cette espérance, et occasionner des tentatives dangereuses. Une rupture entre la France et nous, enhardiroit infailliblement les Anglais à nous attaquer; et cependant nous avons parmi nos compatriotes, quelques animaux sauvages qui s'efforcent d'affoiblir les liens qui nous attachent à la France.

Conservons notre réputation, en étant fidèles à nos engagemens; notre crédit, en payant nos dettes; et nos amis, en montrant de la sensibilité et de la reconnoissance. Nous ne savons pas si nous n'aurons pas bientôt besoin de tout cela.

Agréez, révérend docteur, ma sincère estime.

B. FRANKLIN.

LE SIFFLET,
HISTOIRE VÉRITABLE,

Adressée, par Franklin, à son Neveu.

Lorsque j'étois encore à l'âge de sept ans, mes amis, un jour de fête, remplirent mon gousset de monnoie de cuivre. Je m'en allai droit à une échoppe où l'on vendoit des joujoux pour les enfans; et comme j'étois charmé du son d'un sifflet, que je venois de voir entre les mains d'un autre enfant, j'offris et je donnai tout mon argent pour en avoir un pareil.

Je m'en retournai alors à la maison, enchanté de mon sifflet, et sifflant continuellement; mais troublant toute ma famille. Mes frères, mes sœurs, mes cousins apprenant ce que me coûtoit mon sifflet, me dirent que je l'avois payé quatre fois plus qu'il ne valoit. Cela me fit songer aux bonnes choses dont j'aurois pu faire emplette avec l'argent que j'avois donné de trop. On se moqua tant de ma sottise, que je me mis à pleurer de toute ma force ; et la réflexion me causa bien plus de chagrin, que le sifflet ne m'avoit fait de plaisir.

Cependant cela ne laissa pas que de m'être avantageux dans la suite. Je conservai le souvenir de mon sot marché ; et toutes les fois que j'étois tenté d'acheter des choses inutiles, je me disois à moi-même : — « Ne paye pas trop cher le » sifflet ». — Et j'épargnois mon argent.

Je devins grand, j'entrai dans le monde, j'observai les actions des hommes, et je crus en rencontrer plusieurs, oui, plusieurs, qui *payoient trop cher le sifflet.*

Quand j'ai vu quelqu'un qui, trop ardent à rechercher les graces de la cour, employoit son temps à assister au lever du roi, sacrifioit son repos, sa liberté, sa vertu, et peut-être ses amis à s'avancer dans cette carrière, je me suis dit : — *« Cet homme paye trop cher son sifflet. »*

Quand j'ai vu un autre ambitieux, jaloux d'acquérir la faveur populaire, s'occuper sans cesse d'intrigues politiques, négliger ses propres affaires, et se ruiner en se livrant à cette folie. — « *Certes,* » ai-je dit, *celui-ci paye trop cher son* » *sifflet.* »

Si je rencontrois un avare, qui renonçât à tous les agrémens de la vie, au plaisir de faire du bien aux autres, à l'estime de ses concitoyens, à la joie d'une bienveillante amitié, pour satisfaire son désir d'accumuler de l'argent: — « *Pauvre homme!* disois-je, *en vé-* » *rité, vous payez trop cher votre* » *sifflet.* »

Lorsque je trouvois quelqu'homme de plaisir, sacrifiant la culture de son esprit et l'amélioration de sa fortune à des jouissances purement sensuelles : — « Homme trompé, disois-je, vous vous » procurez des peines, non de vrais plai- » sirs : *Vous payez trop cher votre* » *sifflet.* »

Si j'en voyois un autre aimer la parure, les meubles élégans, les beaux équipages, plus que sa fortune ne le permettoit;

s'endetter pour en avoir, et terminer sa carrière dans une prison : — *Hélas !* disois-je, *il a payé cher, et très-cher son sifflet.*

Quand j'ai vu une douce, aimable et jolie fille mariée à un homme d'un caractère dur et brutal : *C'est grand'pitié,* ai-je dit, *qu'elle ait payé si cher pour un sifflet.*

En un mot, je m'imagine que la plus grande partie des malheurs des hommes, viennent de ce qu'ils ne savent pas estimer les choses ce qu'elles valent réellement, et de ce qu'ils *payent trop cher leurs sifflets.*

PÉTITION

PÉTITION
DE LA MAIN GAUCHE,
A CEUX QUI SONT CHARGÉS D'ÉLEVER DES ENFANS.

Je m'adresse à tous les amis de la jeunesse, et je les conjure de jeter un regard de compassion sur ma malheureuse destinée, afin qu'ils daignent écarter les préjugés dont je suis victime.

Nous sommes deux sœurs jumelles; et les deux yeux d'un homme ne se ressemblent pas plus, ni ne sont pas plus faits pour s'accorder l'un avec l'autre, que ma sœur et moi : cependant la partialité de nos parens met entre nous la distinction la plus injurieuse.

Dès mon enfance on m'a appris à considérer ma sœur comme un être d'un rang au-dessus du mien. On m'a laissé grandir sans me donner la moindre instruction, tandis que rien n'a été épargné pour la bien élever. Elle avoit des maîtres qui lui apprenoient à écrire, à dessiner, à jouer des instrumens : mais si par hazard je touchois un crayon, une plume, une aiguille, j'étois aussitôt cruellement grondée ; j'ai même été battue plus d'une fois, parce que je manquois d'adresse et de grace. Il est vrai que quelquefois ma sœur m'associe à ses entreprises : mais elle a toujours grand soin de prendre le devant, et de ne se servir de moi que par nécessité, ou pour figurer auprès d'elle.

Ne croyez pas, messieurs, que mes plaintes ne soient excitées que par la vanité. Non. Mon chagrin a un motif bien plus sérieux. D'après un usage établi dans ma famille, nous sommes obligées, ma sœur et moi, de pourvoir à la subsistance de nos parens. Je vous dirai, en confidence, que ma sœur est sujette à la goutte, aux rhumatismes, à la crampe, sans compter beaucoup d'autres accidens. Or, si elle éprouve quelqu'indisposition, quel sera le sort de notre pauvre famille ? Nos parens ne se repentiront-ils pas alors amèrement d'avoir mis une si grande différence entre deux sœurs si parfaitement égales ? Hélas ! nous périrons de misère. Il me sera même impossible de griffonner une pétition, pour demander des secours ; car j'ai été obligée d'emprunter une main étrangère pour transcrire la requête que j'ai l'honneur de vous présenter.

Daignez, messieurs, faire sentir à nos parens l'injustice d'une tendresse exclusive, et la nécessité de partager également leurs soins et leur affection entre tous leurs enfans.

Je suis, avec un profond respect,

Messieurs,

Votre obéissante servante,

LA MAIN GAUCHE

LA BELLE JAMBE
ET
LA JAMBE DIFFORME.

Il y a, dans le monde, deux sortes de gens, qui possédant également la santé, les richesses, deviennent les uns heureux et les autres malheureux. Cela provient, en très-grande partie, des différens points de vue, sous lesquels ils considèrent les choses, les personnes et les évènemens, et de l'effet que cette différence produit sur leur ame.

Dans quelque situation que soient placés les hommes, ils peuvent y avoir des agrémens et des inconvéniens ; dans quelque société qu'ils aillent, ils peuvent y trouver des personnes et une conversation plus ou moins aimables ; à quelque table qu'ils s'asseyent, ils peuvent y rencontrer des mets et des boissons d'un meilleur ou d'un plus mauvais goût, des plats un peu mieux ou un peu plus mal apprêtés ; dans quelque pays qu'ils demeurent, ils ont du beau et du mauvais temps ; quel que soit le gouvernement sous lequel ils vivent, ils peuvent y avoir de bonnes et de mauvaises loix, et ces loix peuvent être bien ou mal exécutées ; quelque poëme, quelqu'ouvrage de génie qu'ils lisent, ils peuvent y voir des beautés et des défauts ; enfin, sur presque tous les visages, dans presque toutes les personnes, ils peuvent découvrir des traits fins, et des traits moins parfaits, de bonnes et de mauvaises qualités.

Dans ces circonstances, les deux sortes de gens dont nous venons de parler s'affectent différemment. Ceux qui sont disposés à être heureux ne considèrent que ce qu'il y a d'agréable dans les choses, et d'amusant dans la conversation, les plats bien apprêtés, la délicatesse des vins, le beau temps, et ils en jouissent avec volupté. Ceux qui sont destinés à être malheureux, observent le contraire, et ne s'entretiennent pas d'autre chose. Aussi, sont-ils, sans cesse mécontens, et par leurs tristes remarques, troublent les plaisirs de la société, offensent beaucoup de personnes et deviennent à charge par-tout où ils vont.

Si cette tournure d'esprit étoit donnée par la nature, les malheureux qui l'ont seroient très-dignes de pitié. Mais comme la disposition à critiquer, à trouver tout mauvais n'est, peut-être, d'abord qu'un effet de l'imitation, et devient insensiblement une habitude, il est certain que quelque forte qu'elle soit, ceux qui l'ont peuvent s'en défaire, lorsqu'ils sont convaincus qu'elle nuit à leur repos. J'espère que ce petit avis ne leur sera point inutile et les engagera à renoncer à un penchant qui, quoique dicté par l'imagination, a des conséquences très-sérieuses dans le cours de la vie, et cause des chagrins et des malheurs réels.

Personne n'aime les frondeurs, et beaucoup de gens sont insultés par eux. Aussi, ne les traite-t-on jamais qu'avec une politesse froide, quelquefois même on la leur refuse; ce qui souvent les aigrit davantage et leur occasionne des disputes et de violentes querelles. S'ils désirent de s'élever à des emplois, et d'augmenter leur fortune, personne ne s'intéresse à leur succès, et ne fait un pas, ni ne dit un mot en leur faveur. S'ils essuient la censure publique, ou s'ils éprouvent quelque disgrace, personne ne veut ni les défendre, ni les justifier. Au contraire, une foule d'ennemis blame leur conduite, et s'efforce de les rendre complétement odieux. S'ils ne changent donc point d'habitude, et s'ils ne daignent pas trouver agréable ce qui l'est, sans se chagriner eux-mêmes pour chagriner les autres, tout le monde doit les éviter; car il est toujours fâcheux d'avoir des rapports avec de pareilles gens, sur-tout lorsqu'on a le malheur de se trouver mêlé dans leurs querelles.

Un vieux philosophe de mes amis étoit devenu, par expérience, très-défiant à cet égard, et évitoit soigneusement d'avoir aucune liaison avec les frondeurs. Il avoit, comme les autres philosophes, un thermomètre, pour connoître le degré de chaleur de l'atmosphère, et un baromètre, pour savoir à l'avance, si le temps seroit beau ou mauvais. Mais comme on n'a point encore inventé d'instrument pour découvrir, au premier coup-d'œil, si un homme a le caractère chagrin, mon philosophe se servoit, pour cela, de ses jambes. Il avoit une jambe très-bien faite; mais l'autre ayant éprouvé un accident, étoit crochue et difforme.

Lorsqu'il se trouvoit, pour la première fois, avec un homme qui regardoit plus sa jambe crochue que l'autre, il commençoit à s'en défier; et si cet homme lui parloit de sa vilaine jambe et ne lui disoit rien de la belle, il n'en falloit pas davantage pour déterminer le philosophe à n'avoir plus aucun rapport avec lui.

Tout le monde n'a pas le baromètre à deux jambes. Mais, avec un peu d'attention, tout le monde peut observer les signes de cette fâcheuse disposition à chercher des défauts, et on peut prendre la résolution de fuir la connoissance de ceux qui ont le malheur de l'avoir. J'avertis donc ces gens pointilleux, chagrins, mécontens, que s'ils veulent être respectés, aimés et vivre heureux, ils doivent cesser de regarder la *jambe crochue*.

CONVERSATION

D'UN ESSAIM D'ÉPHÉMÈRES,

ET

SOLILOQUE D'UN VIEILLARD.

A Madame Brillant.

De Passy, le 15 août 1778.

Vous pouvez vous rappeler, ma chère amie, que lorsque nous passâmes dernièrement cette heureuse journée dans le délicieux jardin et l'agréable société du Moulin-Joli, je m'arrêtai dans une allée, et m'écartai quelque temps de la compagnie.

On nous avoit montré un nombre infini de cadavres d'une petite espèce de mouche, appelée *éphémère*, dont les générations successives étoient, nous dit-on, nées et mortes dans le même jour. J'en apperçus, sur une autre feuille, une compagnie vivante, qui fesoit la conversation.

Vous savez que j'entends le langage de toutes les espèces inférieures à la nôtre. Ma trop grande application à cette étude, est la meilleure excuse que je puisse donner du peu de progrès que j'ai fait dans votre charmante langue. La curiosité m'engagea à écouter ce que disoient ces petites créatures : mais comme la vivacité qui leur est propre, les fesoit parler trois ou quatre à la fois, je ne pus pas entendre bien clairement leurs discours. Je compris seulement, par quelques expressions interrompues, que je saisis de temps en temps, qu'elles disputoient avec chaleur sur le mérite de deux musiciens étrangers, dont l'un étoit un cousin, et l'autre un maringouin. Elles passoient leur temps dans cette dispute, en paroissant aussi peu songer à la brièveté de leur existence, que si elles avoient été sûres de vivre encore un mois. —
« Heureux peuple ! dis-je en moi-même,
» vous vivez certainement sous un gou-

» vernement sage, équitable et doux,
» puisque vous n'avez à vous plaindre
» d'aucun abus, et que l'unique sujet
» de vos contestations est la perfection
» ou l'imperfection d'une musique étran-
» gère. »

Je les laissai là, pour tourner la tête du côté d'un vieillard à cheveux blancs, qui, seul sur une autre feuille, se parloit à lui-même. Son soliloque m'amusa ; et je l'ai écrit dans l'espoir qu'il pourra aussi amuser la femme à qui je dois le plus délicieux de tous les plaisirs, celui de sa société et de l'harmonie céleste qu'elle me fait entendre.

« L'opinion, dit-il, des savans philo-
» sophes de notre espèce, qui ont fleuri
» long-temps avant ce temps-ci, étoit
» que ce vaste monde, qu'on nomme
» *le Moulin-Joli*, ne pourroit pas sub-
» sister plus de dix-huit heures ; et je
» pense que cette opinion n'étoit pas
» sans fondement, puisque par le mou-
» vement apparent du grand luminaire,
» qui donne la vie à toute la nature, et

» qui depuis que j'existe a, d'une ma-
» nière sensible, considérablement dé-
» cliné vers l'océan (1), qui borne cette
» terre, il faut qu'à cette époque, il
» termine son cours, s'éteigne dans les
» eaux qui nous environnent, et laisse
» le monde dans le froid et dans les té-
» nèbres, qui produiront nécessairement
» une mort et une destruction univer-
» selle.

» J'ai déjà vécu sept de ces heures,
» long âge, qui n'est pas moins de
» quatre cent vingt minutes. Combien
» peu d'entre nous existent aussi long-
» temps! J'ai vu des générations naître,
» fleurir et disparoître. Mes amis actuels
» sont les enfans et les petits-enfans
» de mes premiers amis, qui, hélas! ne
» sont plus, et que je suivrai bientôt;
» car, quoique je me porte bien, je
» ne puis pas m'attendre, suivant le
» cours de la nature, à vivre encore
» plus de sept ou huit minutes. A quoi
» me servent à présent tous mes travaux,

(1) La Seine.

» tous mes soins, pour amasser sur cette
» feuille une provision de rosée, dont je
» n'aurai pas le temps de jouir? Qu'im-
» portent toutes les querelles politiques,
» dans lesquelles je me suis engagé pour
» l'avantage de mes compatriotes qui
» habitent sur ce buisson? Qu'importent
» les études philosophiques que j'ai en-
» treprises pour le bien de notre race
» en général? car, en politique, que
» peuvent les loix sans les mœurs (1)?
» La génération présente de nos éphé-
» mères va, dans le cours de quelques
» minutes, devenir aussi corrompue et
» par conséquent aussi malheureuse que
» celles des buissons plus anciens. Et
» en philosophie, combien nos progrès
» sont bornés! Hélas! l'art est long et la
» vie est courte (2). Mes amis voudroient
» me consoler, par l'idée d'un nom,
» qu'ils prétendent que je laisserai après

(1) Quid leges sine moribus? HOR. *Od.* 24. *Lib. III.*

(2) Ars longa, vita brevis, tempus præceps. HIPPOCR. *Aphor. I.*

» moi. Ils disent que j'ai assez vécu pour
» la nature et pour la gloire. Mais qu'est
» la renommée pour un éphémère qui
» n'existe plus ? Et que deviendra l'his-
» toire, lorsqu'à la dix-huitième heure,
» le monde lui-même, le Moulin-Joli
» tout entier arrivera à sa fin et sera en-
» seveli dans les ruines universelles ? »

Pour moi, après toutes les entreprises auxquelles je me suis livré avec ardeur, il ne me reste de solides plaisirs, que l'idée d'avoir passé ma longue vie dans l'intention d'être utile, l'agréable conversation d'un petit nombre de bonnes dames éphémères, et quelquefois le tendre sourire et le doux chant de la toujours aimable *Brillant*.

MORALE
DES ÉCHECS.

Le jeu des échecs est le plus ancien et le plus généralement connu de tous les jeux. Son origine remonte au-delà de toutes les notions historiques ; et pendant une longue suite de siècles il a été l'amusement des Perses, des Indiens, des Chinois et de toutes les autres nations de l'Asie. Il y a plus de mille ans qu'on le connoît en Europe. Les Espagnols l'ont porté dans toutes leurs possessions d'Amérique, et depuis quelque temps il est introduit dans les États-Unis.

Ce jeu est si intéressant par lui-même, qu'il n'a pas besoin d'offrir l'appât du gain pour qu'on aime à le jouer. Aussi n'y joue-t-on jamais de l'argent (1). Ceux

(1) Excepté en France et en Angleterre, où l'on joue quelquefois beaucoup d'argent aux échecs. (*Note du Traducteur.*)

qui ont le temps de se livrer à de pareils amusemens, n'en peuvent pas choisir un plus innocent. Le morceau suivant, écrit dans l'intention de corriger chez un petit nombre de jeunes gens, quelques défauts qui se sont glissés dans la pratique de ce jeu, prouve en même-temps que, dans les effets qu'il produit sur l'esprit, il peut être non-seulement innocent, mais utile au vaincu ainsi qu'au vainqueur.

Le jeu des échecs n'est pas un vain amusement. On peut, en le jouant, acquérir ou fortifier plusieurs qualités utiles dans le cours de la vie, et se les rendre assez familières pour s'en servir avec promptitude dans toutes les occasions. La vie est une sorte de partie d'échecs, dans laquelle nous avons souvent des pièces à prendre, des adversaires à combattre, et nous éprouvons une grande variété de bons et de mauvais évènemens, qui sont, en partie, l'effet de la prudence ou de l'étourderie. En jouant aux échecs, nous pouvons donc acquérir.

1°. La *prévoyance*, qui regarde dans

l'avenir et examine les conséquences que peut avoir une action ; car un joueur se dit continuellement : — « Si je remue cette pièce, quel sera l'avantage de ma nouvelle position ? Quel parti mon adversaire en tirera-t-il contre moi ? De quelle autre pièce pourrai-je me servir pour soutenir la première, et me garantir des attaques qu'on me fera ? »

2°. La *circonspection*, qui surveille tout l'échiquier, le rapport des différentes pièces entr'elles, leur position, le danger auquel elles sont exposées, la possibilité qu'elles ont de se secourir mutuellement, la probabilité de tel ou tel mouvement de l'adversaire, pour attaquer telle ou telle autre pièce, les différens moyens qu'on a d'éviter ses attaques, ou de les faire tourner à son désavantage.

3°. La *prudence*, qui jamais n'agit trop précipitamment. La meilleure manière d'acquérir cette qualité, est d'observer strictement les règles du jeu. Elles portent que lorsqu'une pièce est touchée, elle doit être jouée, et que toutes les fois qu'elle est posée dans un endroit, il faut qu'elle y reste. Il est d'autant plus utile que ces règles soient suivies, qu'alors le jeu en devient encore plus l'image de la vie humaine, et particulièrement de la guerre. Si, lorsque vous faites la guerre, vous vous êtes imprudemment mis dans une position dangereuse, vous ne pouvez espérer que votre ennemi vous laisse retirer vos troupes pour les placer plus avantageusement, et vous devez éprouver toutes les conséquences auxquelles vous a exposé trop de précipitation.

4°. Enfin, nous acquérons par le jeu des échecs, l'habitude de ne pas nous décourager, en considérant le mauvais état où nos affaires semblent être quelquefois, l'habitude d'espérer un changement favorable, et celle de persévérer à chercher des ressources. Une partie d'échecs offre tant d'évènemens, tant de différentes combinaisons, tant de vicissitudes; et il arrive si souvent qu'après avoir long-temps réfléchi, nous découvrons le moyen d'échapper à un danger qui paroissoit inévitable, que nous sommes enhardis à continuer de combattre jusqu'à la fin, dans l'espoir de vaincre par notre adresse, ou au moins, de profiter de la négligence de notre adversaire pour le faire mat. Quiconque réfléchit aux exemples que lui fournissent les échecs, à la présomption que produit ordinairement un succès, à l'inattention qui en est la suite, et qui fait changer la partie, apprend, sans doute, à ne pas trop craindre les avantages de son adversaire, et à ne pas désespérer de la victoire, quoiqu'en la poursuivant il reçoive quelque petit échec.

Nous devons donc rechercher l'amusement utile que nous procure ce jeu, plutôt que d'autres, qui sont bien loin d'avoir les mêmes avantages. Tout ce qui contribue à augmenter le plaisir qu'on y trouve, doit être observé ; et toutes les actions, tous les mots peu honnêtes, indiscrets, ou qui peuvent le troubler de quelque manière, doivent être évités, puisque les joueurs n'ont que l'intention de passer agréablement leur temps.

1°. Si l'on convient de jouer suivant les règles, il faut que les règles soient strictement suivies par les deux joueurs, non pas que tandis que l'un s'y soumet, l'autre cherche à s'en affranchir; car cela n'est pas juste.

2°. Si l'on ne convient pas d'observer exactement les règles, et qu'un joueur demande de l'indulgence, il faut qu'il consente à accorder la même indulgence à son adversaire.

3°. Il ne faut pas que vous fassiez jamais une fausse marche, pour vous tirer d'un embarras, ou obtenir un avantage. On ne peut plus avoir aucun plaisir à jouer avec quelqu'un qu'on a vu avoir recours à ces ressources déloyales.

4°. Si votre adversaire est lent à jouer, vous ne devez ni le presser, ni paroître fâché de sa lenteur. Il ne faut pas, non plus, que vous chantiez, que vous siffliez, que vous regardiez à votre montre, que vous preniez un livre pour lire, que vous frappiez avec votre pied sur le plancher, ou avec vos doigts sur la table, ni que vous fassiez rien qui puisse le distraire; car tout cela déplaît et prouve non pas qu'on joue bien, mais qu'on a de la ruse et de l'impolitesse.

5°. Vous ne devez pas chercher à tromper votre adversaire en prétendant avoir fait une fausse marche, et en disant que vous voyez bien que vous perdrez la partie, afin de lui inspirer de la sécurité, de la négligence et d'empêcher qu'il apperçoive les pièges que vous lui tendez; car ce ne seroit point de la science, mais de la fraude.

6°. Quand vous avez gagné une partie, il ne faut pas que vous vous serviez d'expressions orgueilleuses et insultantes, ni que vous montriez trop de satisfaction. Il faut, au contraire, que vous cherchiez à consoler votre adversaire, par des expressions polies, qui ne blessent point la vérité. Vous pouvez lui dire, par exemple: —« Vous savez le jeu mieux que moi; mais » vous manquez un peu d'attention ». —

Ou : — « Vous jouez trop vîte ». — Ou bien : — « Vous aviez d'abord l'avantage : » mais quelque chose vous a distrait, » et c'est ce qui m'a fait gagner ».

7°. Lorsqu'on regarde jouer quelqu'un, il faut avoir grand soin de ne pas parler; car en donnant un avis, on peut offenser les deux joueurs à-la-fois. D'abord, celui contre qui il est donné, parce qu'il peut lui faire perdre la partie; ensuite celui à qui on le donne, parce qu'encore qu'il croie le coup bon et qu'il le joue, il n'a point autant de plaisir que si on le laissoit penser jusqu'à ce qu'il l'eût apperçu lui-même. Il faut aussi, quand une pièce est jouée, ne pas la remettre à sa place, pour montrer qu'on auroit mieux fait de jouer différemment; car cela peut déplaire, et occasionner de l'incertitude et des disputes sur la véritable position des pièces. Toute espèce de propos adressé aux joueurs, diminue leur attention, et conséquemment est désagréable. On doit même s'abstenir de faire le moindre signe ou le moindre mouvement qui ait rapport à leur jeu. Celui qui se permet de pareilles choses, est indigne d'être spectateur d'une partie d'échecs. S'il veut montrer son habileté à ce jeu, il doit jouer lui-même, quand il en trouve l'occasion, et non pas s'aviser de critiquer, ou même de conseiller les autres.

Enfin, si vous ne voulez pas que votre partie soit rigoureusement jouée, suivant les règles dont je viens de faire mention, vous devez moins désirer de remporter la victoire sur votre adversaire, et vous contenter d'en remporter une sur vous-même. Ne saisissez pas avidement tous les avantages que vous offre son incapacité, ou son inattention : mais avertissez-le poliment du danger qu'il court en jouant une pièce, ou en la laissant sans défense; ou bien dites-lui qu'en en remuant une autre, il peut s'exposer à être mal. Par une honnêteté si opposée à tout ce qu'on a vu interdit plus haut, vous pouvez peut-être perdre votre partie, mais vous gagnerez, ce qui vaut beaucoup mieux, l'estime de votre adversaire, son respect, et l'approbation tacite et la bienveillance de tous les spectateurs impartiaux.

L'ART
D'AVOIR DES SONGES AGRÉABLES ;
ADRESSÉ A MISS....

ET ÉCRIT A SA SOLLICITATION.

COMME nous employons une grande partie de notre vie à dormir, et que pendant ce temps-là nous avons quelquefois des songes agréables et quelquefois des songes fâcheux, il est assez important de se procurer les premiers et d'écarter les autres ; car, réel ou imaginaire, le chagrin est toujours chagrin, et le plaisir toujours plaisir.

Si nous pouvons dormir sans rêver, c'est un bien puisque les songes fâcheux sont écartés. Si durant notre sommeil, nous pouvons avoir des songes agréables, c'est, suivant l'expression des Français, *autant de gagné*, c'est-à-dire, autant d'ajouté aux plaisirs de la vie.

Pour cela, il faut commencer par être très-soigneux de conserver sa santé, en fesant un exercice convenable, et ayant beaucoup de tempérance; car dans les maladies, l'imagination est troublée, et des idées désagréables et quelquefois terribles la poursuivent. Il faut que l'exercice précède les repas, et non pas qu'il les suive immédiatement. Dans le premier cas, il facilite la digestion, et dans le second, il l'empêche, à moins qu'il ne soit très-modéré. Si après que nous avons fait de l'exercice, nous mangeons avec sobriété, la digestion est aisée et bonne, le corps léger, le caractère gai, et toutes les fonctions animales se font bien. Le sommeil qui suit est tranquille et doux. Mais l'indolence, les excès de la table, occasionnent le cochemar et des terreurs inexprimables. Alors on croit tomber dans des précipices, ou être attaqué par des bêtes féroces, par des assassins, par des démons; et on éprouve toutes sortes de peines.

Observez, cependant, que la quantité d'alimens et la quantité d'exercice sont relatives. Ceux qui agissent beaucoup, peuvent et doivent manger davantage. Ceux qui font peu d'exercice ne doivent manger que peu. En général, depuis que l'art de la cuisine s'est perfectionné, les hommes mangent deux fois autant que l'exige la nature. Les soupers ne sont point dangereux pour les gens qui n'ont point dîné : mais les insomnies sont ordinairement le partage de ceux qui dînent et qui soupent beaucoup. Il est vrai que, comme il y a de la différence entre les tempéramens, quelques personnes reposent fort bien à la suite de ce double repas. Il ne leur en coûte seulement qu'un triste songe et une apoplexie, après quoi elles s'endorment jusqu'au jour du jugement. Il n'y a rien de plus commun dans les gazettes, que des exemples de gens qui, après avoir bien soupé, ont été le lendemain matin, trouvés morts dans leur lit.

Un autre moyen dont on doit se servir pour conserver sa santé, c'est de renouveler constamment l'air dans la chambre où l'on couche. On a grand tort de coucher dans des chambres très-closes et dans des lits avec des rideaux. Il est très-mal-sain de ne pas laisser entrer dans une chambre l'air extérieur, et de rester long-temps dans un endroit clos où l'air a été plusieurs fois respiré. L'eau bouillante ne devient pas plus chaude par une longue ébullition, si les parties qui reçoivent une plus grande chaleur peuvent s'évaporer ; de même les corps vivans ne se putréfient point, si les parties putrides en sont exhalées à mesure qu'elles le deviennent. La nature les pousse au dehors par les pores et par les poumons ; et, en plein air, elles sont emportées au loin : mais dans une chambre close on les respire plusieurs fois, encore qu'elles se corrompent de plus en plus.

Lorsqu'il y a un certain nombre de personnes dans une petite chambre, l'air s'y gâte en peu de minutes, et il y devient même mortel comme dans la caverne noire de Calcutta. On dit qu'une seule personne ne corrompt qu'un galon (1) d'air par minute, et conséquemment il faut plus de temps pour que tout celui que contient une chambre soit corrompu : mais il le devient proportionnément ; et c'est à cela que beaucoup de maladies putrides doivent leur origine.

Mathusalem qui, ayant vécu plus long-temps qu'aucun autre homme, doit avoir mieux conservé sa santé, dormoit, dit-on, toujours en plein air ; car quand il eut déjà vécu cinq cents ans, un ange lui dit : — « Lève-toi, Mathusalem, et bâtis-toi une maison ; car tu vivras encore cinq cents ans ». — Mais Mathusalem répondit : — « Si je ne dois vivre que cinq cents ans de plus, ce n'est pas la peine que je me bâtisse une maison. Je veux dormir à l'air, comme j'ai toujours eu coutume de le faire. »

Après avoir long-temps prétendu qu'on ne devoit point permettre aux malades de respirer un air frais, les médecins ont

(1) Mesure de quatre pintes.

enfin découvert qu'il pouvoit leur être salutaire. C'est pourquoi on doit espérer qu'ils découvriront aussi, avec le temps, que l'air frais n'est pas dangereux pour ceux qui se portent bien, et qu'alors nous pourrons être guéris de l'aërophobie, qui tourmente à présent les esprits faibles, et les engage à s'étouffer, à s'empoisonner, plutôt que d'ouvrir la fenêtre d'une chambre à coucher, ou de baisser la glace d'un carrosse.

Lorsque l'air d'une chambre close est saturé avec la matière transpirable (1), il n'en peut pas recevoir davantage, et cette matière doit rester dans notre corps et nous causer des maladies. Mais on a auparavant des indices du danger dont elle peut être. On a un certain mal-aise, d'abord léger, à la vérité, et tel que quant aux poumons, la sensation en est assez foible, mais, quant aux pores de la

(1) La matière transpirable est cette vapeur qui se détache de notre corps, par les pores et par les poumons. On dit qu'elle est composée des cinq huitièmes de ce que nous mangeons.

peau, c'est une inquiétude difficile à décrire, et dont un très-petit nombre des personnes qui l'éprouvent, connoît la cause. Alors si l'on veille la nuit et qu'on soit trop chaudement couvert, on a de la peine à se rendormir. On se retourne souvent sans pouvoir trouver le repos d'aucun côté. Ce fretillement, pour me servir d'une expression vulgaire, faute d'en avoir une meilleure, est absolument occasionné par une inquiétude de la peau, dont la matière transpirable ne s'échappe point, attendu que les draps en ayant reçu une quantité suffisante, et étant saturés, ils ne peuvent en prendre davantage.

Pour connoître cette vérité, par expérience, il faut qu'une personne reste au lit, dans la même position, et que relevant ses draps, elle laisse une partie de son corps exposée à un air nouveau : alors elle sentira cette partie tout-à-coup rafraîchie, parce que l'air soulagera sa peau, en recevant et emportant au loin la matière transpirable qui l'incommodoit.

Toute

Toute portion d'air frais qui approche la peau chaude, reçoit, avec une partie de cette vapeur, un degré de chaleur qui la raréfie et la rend plus légère; et alors elle est, avec la matière qu'elle a prise, poussée au loin par une quantité d'air plus frais, et conséquemment plus pesant, qui s'échauffe à son tour et fait bientôt place à une nouvelle portion.

Tel est l'ordre qu'a établi la nature pour empêcher les animaux d'être infectés par leur propre transpiration. D'après le moyen que je viens d'indiquer, on sentira quelle différence il y aura entre la partie du corps exposée à l'air, et celle qui, restant couverte, n'en éprouvera pas l'impression. L'inquiétude de cette dernière partie augmentera par la comparaison, et on la sentira plus vivement que lorsque tout le corps en étoit affecté.

Voilà donc une des grandes et principales causes des songes douloureux. Quand le corps est mal à l'aise, l'ame en est troublée, et toutes sortes d'idées désagréables en deviennent, dans le sommeil, la conséquence naturelle. Je vais indiquer la manière certaine d'y remédier.

1°. En mangeant modérément, non-seulement on conserve sa santé, ainsi que je l'ai dit plus haut, mais on transpire moins dans un temps donné. Alors les draps du lit sont plus lentement saturés avec la matière transpirable ; et on peut, par conséquent, dormir plus long-temps, avant de sentir l'inquiétude qu'on éprouve lorsqu'ils ne peuvent en recevoir davantage.

2°. En ayant des draps légers et une couverture claire, la matière transpirable s'échappe plus aisément ; l'on en est moins incommodé et on la supporte plus longtemps.

3°. Quand on est réveillé par l'inquiétude déjà décrite, et qu'on ne peut pas se rendormir, il faut se lever, tourner et battre l'oreiller, secouer les draps, au moins vingt fois de suite ; ouvrir les rideaux et laisser rafraîchir le lit. Pendant ce temps-là, on doit rester sans s'habiller, se promener dans sa chambre, jusqu'à ce que les pores se soient délivrés du poids qui les accable, ce qui s'opère plutôt lorsque l'air est plus sec et plus froid.

Quand on commence à sentir l'air froid incommode, on peut rentrer dans le lit. On s'endormira bientôt, et le sommeil sera doux et tranquille. Tous les tableaux qui se présenteront à l'imagination, seront agréables. J'ai souvent de ces songes, qui ne sont pas moins amusans pour moi que les scènes d'un opéra.

S'il vous arrive d'avoir trop de paresse pour sortir du lit, vous pouvez soulever vos draps avec la main et le pied, pour y introduire une assez grande quantité d'air frais, et ensuite les laisser retomber, pour forcer cet air à en sortir. En répétant cela vingt fois de suite, vous délivrerez votre lit de la matière transpirable dont il sera imprégné; et vous pourrez vous rendormir pour quelque tems. Mais cette méthode est loin de valoir la première.

Si ceux qui craignent la fatigue et peuvent avoir deux lits, se réveillent dans un lit chaud, ils auront grand plaisir à le quitter pour passer dans celui qui est frais. Ce changement de lit est aussi très-utile aux personnes attaquées de la fièvre, parce qu'il les rafraîchit et leur procure souvent du sommeil. Un lit assez grand, pour qu'on puisse passer d'une place chaude dans une place fraîche, a, en quelque sorte, le même avantage que deux lits différens.

Un ou deux avis de plus termineront ce petit traité. Quand on se couche, on doit avoir soin d'arranger son oreiller conformément à l'habitude qu'on a de placer sa tête, afin d'être parfaitement à son aise. On doit aussi étendre ses membres, de manière qu'ils ne se gênent pas l'un l'autre. Il ne faut pas, par exemple, que la cheville d'un pied porte sur l'autre. Quoiqu'une mauvaise situation ne soit pas d'abord très-sensible, et qu'on y fasse à peine attention, elle devient bientôt moins supportable, et l'incommodité peut s'en faire sentir dans le sommeil, et troubler l'imagination.

Telles sont les règles de l'art. Mais quoiqu'elles doivent en général conduire au but qu'on se propose, il est un cas où leur observation la plus ponctuelle peut être totalement infructueuse. Vous n'avez pas besoin que je vous dise quel est ce cas, ma chère amie ; mais si je n'en fesois pas mention, ce que j'écris sur l'art qui vous intéresse seroit imparfait. Ce cas est donc celui où la personne qui veut se procurer des songes agréables, n'a pas eu soin de conserver la chose la plus nécessaire, UNE BONNE CONSCIENCE.

CONSEILS
A UN JEUNE ARTISAN.
ÉCRITS EN L'ANNÉE 1748.

A MON AMI A. B.

Vous désirez que je trace ici les maximes qui m'ont été utiles, et qui, si vous les suivez, peuvent l'être aussi pour vous. Les voici :

N'oubliez pas que le *temps* est de l'argent. Celui qui, dans un jour, peut gagner dix schellings par son travail, et qui va se promener, ou qui reste oisif la moitié de la journée, quoiqu'il ne dépense que six sous durant le temps de sa promenade, ou de son oisiveté, ne doit pas compter cette seule dépense : il a réellement dépensé, ou plutôt prodigué, cinq schellings de plus.

N'oubliez pas que le *crédit* est de l'argent. Si un homme ne retire pas de mes mains l'argent que je lui dois, il m'en donne l'intérêt, au plutôt il me fait présent de tout ce que je puis gagner avec cet argent, pendant qu'il me le laisse; et cela se monte à une somme considérable, si un homme a un grand crédit et sait en faire usage.

Souvenez-vous que l'argent est de nature à se multiplier sans cesse. L'argent produit de l'argent; celui qu'il produit en donne d'autre; et ainsi de suite. Cinq schellings en font bientôt six; ensuite, ils font sept schellings, trois sous, et finissent par monter à cent livres sterlings. Plus il y en a, plus il produit chaque fois qu'on le fait valoir; de sorte que les profits ont une rapidité toujours croissante. Celui qui tue une truie pleine, détruit des milliers de cochons. Celui qui assassine une piastre, perd tout ce qu'elle pourroit lui produire, c'est-à-dire, plusieurs vingtaines de livres sterlings.

Souvenez-vous que six livres sterlings ne font pas quatre sous par jour. Cependant, cette petite somme peut être journellement prodiguée, soit en dépense, soit en perte de temps. Un homme d'honneur doit toujours, sur son crédit, avoir à sa disposition, cent livres sterlings; et quand il est actif et laborieux, il retire un grand avantage d'un pareil fonds.

Souvenez-vous du proverbe, qui dit qu'un bon payeur est le maître de la bourse des autres. — Celui qui est connu pour payer ponctuellement, au terme de ses engagemens, a, dans tous les temps et dans toutes les occasions, l'argent dont ses amis peuvent disposer. Cela est quelquefois d'un grand avantage. Après l'assiduité au travail et la frugalité, rien n'est plus utile à un jeune homme qui veut prospérer, que l'exactitude et l'intégrité dans toutes ses affaires. Ainsi, ne gardez jamais l'argent que vous avez emprunté, une heure au-delà de l'époque où vous avez promis de le rendre, de peur qu'un manque de parole vous ferme pour jamais la bourse de votre ami.

On doit faire attention aux moindres choses qui peuvent altérer le crédit d'un homme. Le bruit de votre marteau à cinq heures du matin et à neuf heures du soir, peut engager le créancier qui l'entend, à rester six mois de plus sans vous rien demander : mais s'il voit que vous êtes dans un billard, ou s'il entend votre voix dans un cabaret, tandis que vous devriez être à l'ouvrage, il envoie chercher son argent le lendemain, et le demande, avant de pouvoir le recevoir tout-à-la-fois.

En outre, votre assiduité au travail montre que vous vous ressouvenez de ce que vous devez. Elle vous fait paroître aussi soigneux qu'honnête homme, et augmente encore votre crédit.

Gardez-vous de croire que tout ce que vous possédez est à vous, et de vivre en conséquence. C'est une erreur dans laquelle tombent beaucoup de gens, qui ont du crédit. Pour l'éviter, tenez pendant quelque temps un compte exact de vos dépenses et de votre revenu. Si vous commencez par prendre la peine de tenir ce compte bien en détail, vous en retirerez un assez grand avantage. Vous verrez à quelles sommes considérables s'élèvent de très-petites dépenses; et vous apprendrez ce que vous auriez épargné, et ce que vous pourrez épargner à l'avenir, sans un grand inconvénient.

Enfin, si vous voulez connoître le chemin de la fortune, sachez qu'il est tout aussi uni que celui du marché. Pour le suivre, il ne faut que deux choses, l'assiduité et la sobriété; c'est-à-dire, ne prodiguer jamais ni le temps, ni l'argent, et faire le meilleur usage de l'un et de l'autre. Sans assiduité et sans sobriété, on ne fait rien; et avec elles on fait tout. Celui qui gagne tout ce qu'il peut gagner honnêtement, et qui épargne ce qu'il gagne, à l'exception des dépenses nécessaires, doit certainement devenir riche, si toutefois la providence de cet être qui gouverne le monde, et que nous devons tous prier de bénir nos entreprises, n'en a pas autrement ordonné.

Un vieux Artisan.

AVIS

NÉCESSAIRE A CEUX QUI VEULENT DEVENIR RICHES.

ÉCRIT EN 1736.

L'ARGENT n'a de l'avantage que par l'usage qu'on en fait.

Avec six livres sterlings, vous pouvez, dans un an, faire usage de cent livres sterlings, pourvu que vous soyez un homme d'une prudence et d'une honnêteté reconnues.

Celui qui dépense inutilement plus de quatre sous par jour, dépense inutilement plus de six livres sterlings dans un an; ce qui est l'intérêt ou le prix de l'usage de cent livres sterlings.

Celui qui chaque jour perd dans l'oisiveté pour quatre sous de son temps, perd l'avantage de se servir de cent livres sterlings tous les jours.

Celui qui prodigue sottement pour cinq schellings de son temps, perd cinq schellings, avec autant d'imprudence que s'il les jetoit dans la mer.

Celui qui perd cinq schellings, non-seulement perd ces cinq schellings, mais tout le profit qu'il pourroit en retirer en les fesant travailler; ce qui, dans l'espace de temps, qui s'écoule entre la jeunesse et l'âge avancé, doit s'élever à une somme considérable.

De plus : celui qui vend à crédit, met toujours, à l'objet qu'il vend, un prix équivalent au principal et à l'intérêt de son argent, pour le temps dont il doit en être privé. Celui qui achète à crédit, paie l'intérêt de ce qu'il achète : et celui qui paie argent comptant, pourroit mettre cet argent à intérêt. Ainsi celui qui possède une chose, qu'il a achetée, paie un intérêt pour l'usage qu'il en fait.

Cependant, il vaut toujours mieux payer comptant les objets qu'on achète, parce que celui qui vend à crédit, s'attendant à perdre cinq pour cent, par de mauvaises dettes, augmente d'autant le prix de ses marchandises. — Celui qui achète à crédit, paie sa part de cette augmentation. — Celui qui paie argent comptant, y échappe ou peut au moins y échapper.

Quatre liards épargnés sont un sou que l'on gagne.
Une épingle par jour coûte cinq sous par an (1).

(1) A penny sav'd is two-pence clear;
   A pin a day's a groat a year.

MOYENS

POUR QUE CHACUN AIT BEAUCOUP D'ARGENT DANS SA POCHE.

A présent que tout le monde se plaint de la rareté de l'argent, c'est un acte de bienfaisance que d'apprendre à ceux qui n'ont pas le sou, comment ils peuvent faire cesser leur pénurie. Je veux leur dire quel est le vrai secret de gagner de l'argent, le moyen certain de remplir leur bourse et de la conserver toujours pleine. Pour cela, il suffit d'observer deux règles très-simples.

Premièrement, sois constamment probe et laborieux.

Secondement, dépense toujours un sou de moins que tu ne gagnes.

Alors, ton gousset se remplira et ne criera jamais qu'il a le ventre vide; les créanciers ne te tracasseront point; l'indigence ne t'accablera pas; la faim ne pourra point te dévorer, ni le défaut de vêtemens te faire transir de froid. L'univers entier te paroîtra plus brillant; et le plaisir dilatera tous les replis de ton cœur.

Suis donc les règles que je viens de te prescrire, et sois heureux. Bannis loin de toi la tristesse qui glace ton ame, et vis indépendant. Tu seras alors vraiment un homme. Tu ne détourneras point la vue à l'approche du riche, ni tu ne seras humilié d'avoir peu, quand les enfans de la fortune marcheront à ta droite; car l'indépendance, soit qu'elle ait peu ou beaucoup, est toujours un bonheur, et te placera de niveau avec ceux qui s'enorgueillissent de posséder la toison d'or.

Oh! sois donc sage; et que l'assiduité au travail marche avec toi, dès le matin, et t'accompagne jusqu'à ce que tu ayes atteint le soir l'heure du repos. Que la probité soit comme le souffle de ton ame. N'oublie jamais d'avoir chaque jour un sou de plus que le montant de tes dépenses. Alors tu parviendras au plus haut degré du bonheur, et l'indépendance sera ton bouclier, ton casque et ta couronne ; alors ton ame sera élevée, et ne s'abaissera pas devant le faquin vêtu de soie, ni ne souffrira point un outrage, parce que la main qui ose le faire, porte une bague de diamant.

PROJET ÉCONOMIQUE,

ADRESSÉ

AUX AUTEURS D'UN JOURNAL (1).

Messieurs,

Vous nous faites souvent part de nouvelles découvertes. Permettez que je me serve de la voie de votre journal, pour en communiquer au public une que j'ai faite moi-même, et qui, je crois, peut être d'une grande utilité.

Je me trouvai, il y a peu de jours, dans une maison où il y avoit nombreuse compagnie, et où la nouvelle lampe de MM. Quinquet et Lange fut présentée et beaucoup admirée à cause de son éclat.

(1) En 1784, il parut une traduction de cette pièce dans un des journaux de Paris. Celle que nous donnons ici, est faite d'après l'original, auquel Franklin a fait, depuis, des corrections et des additions.

La société demanda, en même-temps, si la quantité d'huile que cette lampe consumoit, n'étoit pas proportionnée à sa lumière, auquel cas il n'y auroit aucune économie à s'en servir. Aucun de ceux qui étoient présens ne put nous satisfaire sur ce point ; mais tous convinrent qu'il méritoit d'être connu, et qu'il étoit à désirer qu'on pût rendre moins cher le moyen d'éclairer les appartemens, puisque tous les autres objets de dépense d'une maison étoient considérablement augmentés.

Je fus extrêmement flatté de voir ce désir général d'économie ; car l'économie me plaît singulièrement.

Je me retirai et me mis au lit à trois ou quatre heures après minuit, la tête encore remplie du sujet, dont on venoit de s'entretenir. Un bruit accidentel me réveilla vers les six heures du matin. Je fus surpris de voir ma chambre très-éclairée. Je crus d'abord qu'on y avoit transporté un grand nombre de lampes de Quinquet. Mais après m'être frotté les yeux, je m'apperçus que la lumière venoit à travers les fenêtres. Je me levai, je regardai dehors pour découvrir qu'elle pouvoit en être la cause; et je vis que le soleil s'élevoit précisément au-dessus de l'horizon, d'où ses rayons pénétroient dans ma chambre, parce que mes domestiques avoient eu la négligence de ne pas fermer les volets.

Je regardai ma montre, qui va très-bien, et je vis qu'il n'étoit que six heures. Pensant encore qu'il étoit un peu extraordinaire que le soleil parût de si bonne heure, je pris mon almanach, où je trouvai que c'étoit l'heure marquée, ce jour là, pour le lever du soleil. Je tournai quelques feuillets, et je vis qu'il devoit se lever chaque jour encore plus matin jusqu'à la fin de juin; et que dans aucun temps de l'année il ne se levoit pas plus tard que huit heures.

Vos lecteurs qui, comme moi, lisent rarement la partie astronomique de l'almanach, et n'ont jamais apperçu avant midi, aucun signe du lever du soleil, seront aussi étonnés que je l'ai été moi-même, quand ils apprendront qu'il se lève de si bonne heure, et sur-tout quand je les assurerai qu'il éclaire aussitôt qu'il se lève. J'en suis convaincu, j'en suis certain. Personne ne peut être plus sûr d'aucun autre fait. Je l'ai vu de mes propres yeux ; et après avoir renouvelé l'observation trois jours de suite, j'ai chaque fois trouvé précisément le même résultat.

Cependant il arrive que quand je parle de cette découverte à quelques-uns de mes amis, je m'apperçois aisément à leur air, que quoiqu'ils ne me le disent pas expressément, ils ont de la peine à y ajouter foi. L'un d'entr'eux, qui, certes, est un très-savant physicien, m'a assuré que je dois sûrement m'être trompé quant à la lumière qui a pénétré dans ma chambre ; parce qu'il est, dit-il, bien connu que comme il ne pouvoit pas y avoir de lumière dehors à cette heure là, il ne pouvoit pas en entrer dans l'appartement; et que puisque mes fenêtres étoient accidentellement ouvertes, elles devoient, au lieu de laisser entrer la lumière, faire sortir l'obscurité. Il a employé plusieurs argumens ingénieux, pour me prouver combien je pouvois à cet égard m'être fait illusion. J'avoue qu'il m'a un peu embarrassé : mais il ne m'a point satisfait; et les observations que j'ai faites, et dont je vous ai rendu compte plus haut, m'ont confirmé dans ma première opinion.

Cet évènement m'a fait faire plusieurs réflexions sérieuses et importantes. J'ai considéré que si je ne m'étois pas éveillé de si bon matin, j'aurois dormi six heures de plus, à la clarté du soleil, et qu'en revanche j'aurois la nuit suivante, passé six heures de plus à la clarté des bougies; et comme la dernière est beaucoup plus coûteuse que l'autre, mon goût pour l'économie m'a induit à faire usage de tout le peu d'arithmétique que je sais, pour faire les calculs dont je vais vous faire part. Je vous observerai, pourtant, auparavant, que l'utilité est, suivant moi, le principal mérite des inventions, et qu'une découverte, dont on ne peut pas faire usage ou n'est pas bonne à quelque chose, ne vaut rien.

J'établis pour base de mon calcul la supposition qu'il y a à Paris cent mille familles, et que ces familles consument chaque soir une demi-livre de bougie ou de chandelle par heure. Je pense que c'est une estimation raisonnable ; car quoique je croie que quelques familles en consument moins, je sais que beaucoup d'autres en consument bien plus. Alors, si nous prenons six heures par jour pour terme modéré du temps qui s'écoule entre le lever du soleil et le nôtre, puisqu'il se lève durant six mois, depuis six heures jusqu'à huit heures avant midi, et qu'alors nous brûlions de la chandelle chaque jour pendant sept heures de suite, voici le compte qui en résultera.

Dans les six mois, qui s'écoulent depuis

POLITIQUES, etc.

le 20 mars jusqu'au 20 septembre, il y a :

Nuits....................	183
Heures de chaque nuit pendant lesquelles nous brûlons de la chandelle....	7
La multiplication donne pour nombre total d'heures....	1,281
Ces 1,281 heures multipliées par le nombre de 100,000 qui est celui des familles, donnent...............	128,100,000
Ces cent vingt-huit millions et cent mille heures, passées à Paris, à la clarté de la bougie ou de la chandelle, font, à demi-livre par heure.........	64,050,000 liv. pes.
Soixante-quatre millions cinquante mille livres pesant, estimées l'une dans l'autre à trente sols la livre, font la somme de quatre-vingt-seize millions soixante-quinze mille livres tournois......	96,075,000 liv. tour.

Somme immense, que la ville de Paris pourroit épargner tous les ans, en se servant de la lumière du soleil, au lieu de bougie et de chandelle.

Si l'on prétend que le peuple, étant opiniâtrement attaché à ses vieilles coutumes, il seroit difficile de l'engager à se lever avant midi, et que conséquemment ma découverte ne peut être que fort peu utile, je répondrai : *nil desperandum.* Je crois que tous ceux qui ont le sens commun, et qui apprendront par cet écrit, qu'il fait jour dès que le soleil se lève, essaieront de se lever avec lui. Pour y obliger les autres, voici les règlemens que je proposerai.

1°. Qu'on mette un impôt de vingt-quatre livres tournois par chaque fenêtre, où il y a des volets, qui font que les rayons du soleil n'éclairent pas les appartemens.

2°. Que pour empêcher de brûler de la bougie et de la chandelle, la police emploie le salutaire moyen, qui, l'hiver dernier, nous a rendus plus économes, dans la consommation du bois ; c'est-à-dire, qu'on mette des sentinelles, à la porte des épiciers, et qu'il ne soit permis à personne d'acheter plus d'une livre de bougie ou de chandelle par semaine.

3°. Qu'on ordonne aux gardes de la ville d'arrêter toutes les voitures qui passeront dans les rues après soleil couché, excepté celles des médecins, des chirurgiens et des sage-femmes.

4°. Que chaque jour, au lever du soleil, on fasse sonner toutes les cloches des églises ; et si cela ne suffit pas, qu'on tire le canon dans toutes les rues, afin d'éveiller efficacement les paresseux, et de les forcer à ouvrir les yeux, pour voir leur véritable intérêt.

La difficulté du succès de ces règlemens ne se fera sentir que dans les deux ou trois premiers jours. Après quoi la réforme sera aussi naturelle, aussi aisée, que l'est l'irrégularité actuelle ; car il n'y a que le premier pas qui coûte. Obligez un homme à se lever à quatre heures du matin, et il est plus que probable qu'il se couchera volontiers à huit heures du soir. Or, quand il aura dormi huit heures, il se lèvera volontiers à quatre heures du matin.

Mais la somme de quatre-vingt-seize millions soixante-quinze mille livres tournois, n'est pas tout ce qu'on peut épargner par mon projet économique. Vous devez observer que je n'ai fait mon calcul que pour la moitié de l'année; et l'on peut épargner beaucoup durant l'autre moitié, encore que les jours soient beaucoup plus courts. En outre, l'immense quantité de bougie et de suif qu'on ne consumera pas pendant l'été, rendra la bougie et la chandelle moins chères l'hiver suivant; et le prix en diminuera progressivement aussi long-temps qu'on maintiendra la réforme que je propose.

Quelque grand que soit l'avantage de la découverte que je communique si loyalement au public, je ne demande ni place, ni pension, ni privilége exclusif, ni aucune autre espèce de récompense. Je ne veux que la seule gloire de l'avoir faite. Malgré cela, je sais bien qu'il se trouvera de petits esprits envieux, qui voudront, comme de coutume, me la disputer, et qui diront que mon invention étoit connue des anciens. Peut-être même citeront-ils, pour le prouver, des passages de quelques vieux livres.

Je ne soutiendrai point, contre ces critiques, que les anciens ne savoient pas que le soleil devoit se lever à certaines heures. Probablement des almanachs, comme ceux que nous avons aujourd'hui, le leur prédisoient. Mais il ne s'ensuit pas que les anciens sussent qu'il fesoit jour aussitôt que le soleil se levoit.

C'est là ce que j'appelle ma découverte. Si les anciens connoissoient cette vérité, elle doit avoir été oubliée depuis long-temps ; car elle est ignorée des modernes, ou du moins des Parisiens ; et pour le prouver, je n'ai besoin de faire usage que d'un argument bien simple.

Les Parisiens sont un peuple aussi bien instruit, aussi judicieux, aussi prudent qu'aucun autre qui existe sur la terre. Tous les Parisiens professent, comme moi, l'amour de l'économie ; et d'après les nombreux et pesants impôts qu'exigent les besoins de l'état, ils ont certainement bien raison d'être économes. Je dis donc qu'il est impossible que dans de pareilles circonstances, un peuple aussi sensé se fût servi si long-temps de l'enfumante, mal-saine et horriblement coûteuse lumière de la chandelle, s'il avoit réellement su qu'il pouvoit avoir pour rien autant de la pure lumière du soleil.

Un Abonné.

Fin du premier Volume.

TABLE DES ARTICLES

Contenus dans ce Volume.

Vie de Benjamin Franklin. Page. 1

Extrait du Testament de Benjamin Franklin. 287

Codicile. 291

Sur les Personnes qui se marient jeunes. A John Alleyne. 303

Sur la mort de son frère, John Franklin. A miss Hubbard. 309

Lettre au Docteur Mather de Boston. 312

Le Sifflet, histoire véritable, adressée, par Franklin, à son Neveu. 317

Pétition de la Main Gauche, à ceux qui sont chargés d'élever des Enfans. Pag. 321

La belle Jambe et la Jambe difforme. 324

CONVERSATION d'un essaim d'Éphémères, et soliloque d'un Vieillard. A Madame Brillant. 330

MORALE des Échecs. 336

L'ART d'avoir des Songes agréables ; adressé à Miss . . . . . et écrit à sa sollicitation. 346

CONSEILS à un jeune Artisan. Écrits en l'année 1748. A mon ami A. B. 358

AVIS nécessaire à ceux qui veulent devenir riches. Écrit en 1736. 363

MOYENS pour que chacun ait beaucoup d'argent dans sa poche. 366

PROJET économique, adressé aux Auteurs d'un Journal. 369

Fin de la Table du premier Volume.

www.ingramcontent.com/pod-product-compliance
Lightning Source LLC
Chambersburg PA
CBHW050438170426
43201CB00008B/720